Über dieses Buch

  Ahmad von Denffer, in der muslimischen Szene Deutschlands wie auch international bekannt geworden als Autor und Übersetzer zahlreicher Schriften zum Thema Islam, hat sich im vorliegenden Buch aufgemacht zur Suche nach islamischen Spurenelementen in Goethes Werk und Leben. Mit der Veröffentlichung der Ergebnisse ist insbesondere der Wunsch verbunden, der jüngeren Generation eine Hilfe zu geben, sich über das Miteinander von deutscher und muslimischer Kultur zu informieren.

Der Autor

  war nach dem Studium von Islam- und Völkerkunde Wissenschaftlicher Mitarbeiter an der Islamic Foundation in Leicester und Herausgeber des Nachrichtendienstes „Focus on Christian-Muslim Relations", später Deutschsprachiger Referent des Islamischen Zentrums München und Herausgeber der Zeitschrift „Al-Islam", auch Projektleiter sowie langjähriger Vorsitzender von „Muslime helfen".

DER ISLAM UND GOETHE

Auf der Suche nach islamischen Spurenelementen in Goethes Werk und Leben

Ahmad von Denffer

Bibliografische Information der Deutschen Nationalbibliothek:
Die Deutsche Nationalbibliothek verzeichnet diese Publikation in der Deutschen
Nationalbibliografie; detaillierte bibliografische Daten sind im Internet über
http://dnb.dnb.de abrufbar.

Herstellung und Verlag: BoD - Books on Demand, Norderstedt

ISBN: 9783750497467

INHALT

Bismillah

VORWORT

Diese Studie will den Leser mit den verschiedenen Gelegenheiten bekanntmachen, zu denen der bedeutendste Dichter deutscher Sprache mit dem Islam in Berührung kam und die Wirkungen davon darlegen. Ich habe sie als Spurenelemente bezeichnet, weil sie gemessen an Goethes Gesamtwerk von der Menge her zwar gering sind, aber doch wesentlich für die Aussagekraft seiner Dichtungen. Wenn auch die Goethe-Forschung diesbezüglich schon viel mehr geleistet hat als allgemein bekannt ist, können hier nicht nur einige Irrtümer und Fehler berichtigt, sondern darüber hinaus neue Einsichten aufgezeigt werden, die der Goethe-Forschung bislang entgangen sind. Erstmals wird auf einen Zusammenhang zwischen dem Koran und Goethes bedeutsamstem Schauspiel, dem „Faust", aufmerksam gemacht. Auch eine systematische Übersicht der Bezüge zwischen Worten des Propheten Muhammad (s) und Goethes Gedichtsammlung „West-östlicher Divan" hat bisher gefehlt.

Die vorliegende Arbeit erschien zuerst als Serie von Artikeln in der Zeitschrift „Al-Islam" ab 1990.[1] Das liegt nun schon lange zurück, doch weder die Thematik noch die seinerzeit vorgestellten Ergebnisse haben an Bedeutung verloren. Im Gegenteil dürften sie nicht zuletzt auch im Hinblick auf die immer wieder erörterte Frage von vermehrtem Interesse sein, inwiefern der Islam zu Deutschland gehört. Eine Buchausgabe schien deshalb angebracht, denn die Hefte der besagten Zeitschrift sind

---

[1] Denffer, Ahmad v.: Der Islam und Goethe. Auf der Suche nach islamischen Spurenelementen in Goethes Werk und Leben, in: Al-Islam. Zeitschrift von Muslimen in Deutschland (München, ISSN 0724-4312) 1/1990, 20-28; 2/1990, 19-27; 3/1990, 23-26; 4/1990, 25-30; 1/1991, 26-30; 2/1991, 29-31; 3/1991, 29-30; 4/1991, 23; 1/1992, 29-30; 2/1992, 27-30; 3/1992, 28-30; 4/1992, 29-30; 1/1993, 25-30; 3/1993, 28-29; 4/1993, 28-30; 1/1994, 28-29; 2/1994, 29-30; 3/1994, 28-30; 4/1994, 27-30.

längst vergriffen und kaum noch zugänglich. Zwar hat es seither weitere Veröffentlichungen zu Goethe und Islam sowohl von nichtmuslimischen als auch von muslimischen Autoren gegeben, doch wesentlich neue Einsichten zu den seinerzeit herausgearbeiteten Aspekten sind mir nicht bekannt geworden.

Mit der erneuten Veröffentlichung verbinde ich insbesondere den Wunsch, der jüngeren Generation eine Hilfe zu geben, sich über das Miteinander von deutscher und muslimischer Kultur zu informieren. Beide, Nichtmuslime wie auch Muslime sollen wissen, daß die Beziehungen zueinander nicht neu, sondern jahrhundertealt sind, zwar nicht frei von Mißverständnissen und wohl auch gestört durch manche Vorurteile, doch darüber hinaus geprägt sein können von echtem Interesse, vom Bemühen um Verstehen und vom inneren Widerhall im eigenen Ich.

Eine eventuelle Fehlannahme sei noch ausgeräumt. In dieser Studie ging es nicht darum, Goethe für den Islam zu vereinnahmen oder gar ihn zum Muslim zu machen, wie das gelegentlich, wohl aus Unkenntnis, geschieht. Goethe hat, nach allem was bekannt ist, nicht d e n Islam für sich angenommen, sondern er hat v o m Islam für sich angenommen, was ihm wertvoll, gut und für sich passend schien. Wenn die positiven seiner Gedanken und Äußerungen zum Islam dazu anregen, es ihm wenigstes darin gleichzutun, ist viel für ein friedenmachendes Miteinander gewonnen.

Ahmad v. Denffer

GOETHE, DER BEDEUTENDSTE DICHTER IN DEUTSCHER SPRACHE

„Goethe, der bedeutendste Dichter in deutscher Sprache und einer der universellsten Geister, war vom Erscheinen seiner ersten größeren Dichtungen an Mittelpunkt der literarischen, dann überhaupt der geistigen Welt Deutschlands; er erhielt sich diese Stellung in seinem langen Leben, und sie wirkt bis in die Gegenwart fort. "

Mit diesen Worten eröffnet die „Neue Deutsche Biographie" [2] ihren Beitrag über Goethe. In der Folge wurde Goethe *„als das Maß des Daseins überhaupt betrachtet und in allen Dingen als Zeuge und Richter angerufen. Und daraus erklärt sich andererseits wieder der Grimm gegen seine Autorität, die Verdächtigung seines humanen Sinns, der Drang, sich aus seinem Bann zu befreien. Einem Anspruch, der an keinen anderen Dichter der Welt gestellt wird, war Goethe von jeher und ist er auch noch in unseren Tagen ausgesetzt: Er soll sein Wort zu sämtlichen Fragen und Zweifeln, die uns beschäftigen, spenden; und wenn er schweigt, so wird ihm das Gewünschte untergeschoben, oder er wird als veraltete Größe geschmäht. "* [3]

Ganz recht, auch wir, die Bekenner des Islam in Deutschland, und insbesondere die deutschen Muslime, haben diese Frage an Goethe gestellt: „Nun sag', wie hast Du's mit dem Islam?", und wir haben dazu Goethe Rede und Antwort stehen lassen. Hasan Habibullah beschrieb in einem kleinen Aufsatz „Goethe und das islamische Weltbild" und stellte fest: *„Der Grund, warum Goethe sich mit der islamischen Geisteswelt so intensiv beschäftigte, liegt in der Ähnlichkeit des Goetheschen und des islamischen Weltbildes. "* [4]

Achmed Schmiede geht weit über diese Affinität hinaus: *„Den Weg der islamischen Aufklärung in Deutschland hat als erster Johann Wolfgang von Goethe, der Dichter-Philosoph und Staatsmann beschritten. Auf diesem Wege fortzufahren, ist unsere Aufgabe. Wir schätzen uns als Muslime glücklich, einen solchen Wegbereiter und Fürsprecher gehabt zu haben... "* [5]

Besonders trugen aber die erstmals 1964 vorgelegten grundlegenden Ausführungen zum Thema „Goethe und der Islam" der - nichtmuslimischen -

---

[2] Neue Deutsche Biographie, Berlin 1964, 6, 546-77.
[3] Die großen Deutschen, Berlin 1956, 2, 310.
[4] Al-Islam. Muslimischer Almanach, Hg. H. Achmed Schmiede, Sinzig 1969, 50-58; hier 51.
[5] Goethe und der Islam, in: Al-Islam 6, München 1976, 6-9.

Germanistin Katharina Mommsen auch unter Deutschlands Muslimen dazu bei, das Verhältnis Goethes zum Islam kennenzulernen.[6] Zwar gab es im Lichte der Aufklärung zu Goethes Zeiten schon gewisse Tendenzen, den Islam vorurteilsfreier als noch in den Epochen der Kreuzfahrer und der Türkenkriege zu sehen, doch, so Mommsen:

„Was nun Goethe betrifft, so bestimmte sich seine Stellung zum Islam - und das ist das Entscheidende - von Anfang an nicht allein, nicht ausschließlich aus der Haltung einer fortschrittlichen Aufklärung mit ihren Toleranzbestrebungen und ihren Bemühungen, Fehlurteile der Vergangenheit auszuräumen. Goethe trat vielmehr zu Mohammed und zu seiner Religion in ein viel persönlicheres Verhältnis. Darum gehen auch seine Äußerungen über den Islam in ihrer provokatorischen Gewagtheit weit über alles bisher in Deutschland Dagewesene hinaus. Ein wirklich positives Verhältnis zum Islam gewann Goethe dadurch, daß ihm gewisse Hauptlehren als übereinstimmend mit seinem eigenen Glauben und Denken erschienen..." [7]

Als einen solchen Hauptpunkt, wenn nicht den Hauptpunkt an sich, stellt Mommsen dann Goethes Neigung zum Determinismus vor, die zur Folge hatte, *„daß er mit einer der Hauptlehren der muslimischen Religion übereinstimmte: der Lehre von dem eigentlichen ‚Islam', der Ergebung in den Willen Gottes."* [8]

Auch in den späteren Arbeiten Mommsens zum Thema findet man diesen Gedanken immer wieder.[9] Wir Muslime müssen ihn aber mit besonderer Aufmerksamkeit betrachten, weil er nämlich mitten in den Kern unseres Selbstverständnisses trifft.

---

[6] Mommsen, Katharina: Goethe und der Islam. Jahresgabe der Stuttgarter Goethe-Gesellschaft, Stuttgart 1964.

[7] Mommsen, Katharina: Goethe und der Islam. Jahresgabe der Stuttgarter Goethe-Gesellschaft, Stuttgart 1964, 7.

[8] Mommsen, Katharina: Goethe und der Islam. Jahresgabe der Stuttgarter Goethe-Gesellschaft, Stuttgart 1964, 16.

[9] Mommsen, Katharina: Die Bedeutung des Korans für Goethe, in: Reiss, H.: Goethe und die Tradition, Frankfurt 1972, 138-62; Mommsen, Katharina: Goethe und die arabische Welt, Frankfurt 1988, 154-475.

Dafür, daß einmal ein Muslim mit Einblick in den Koran Goethes Werk [10] betrachtet, spricht auch, daß der Goethe-Forschung bei allen Verdiensten, die sie sich hier erwarb, doch noch einiges entgangen ist. Dafür werde ich anschließend noch manche Beispiele bringen. Aber auch durchaus vermeidbare Irrtümer hat es gegeben. So schrieb Katharina Mommsen zunächst bei den Goethe-Versen *„Jesus fühlte rein und dachte…"* aus dem Nachlaßgedicht „Süßes Kind, die Perlenreihen…" *von „Bezugnahme auf die 2. Sure des Korans"*, weil hier *„Goethes Hochschätzung der Lehre von der Einheit Gottes zum Ausdruck"* komme.[11] Die 2. Sure des Korans enthält wohl drei Hinweise auf Jesus,[12] von denen aber keiner einen direkten Bezug zur Lehre von der Einheit Gottes hat. Der zutreffende Verweis muß stattdessen auf Sure 5:72 und 5:116-117 sein. Momme Mommsen hat dies richtig erkannt, auch wenn er die genaue Versangabe nicht mitgeteilt hat,[13] und Katharina Mommsen nennt schließlich hierfür Sure 5:125 f.[14] Die Sure 5 des Korans hat aber insgesamt nur 120 (!) Verse.

Ein anderes Beispiel betrifft einen bisher nicht berichtigten Irrtum. Der Goethe-Vers *„Er hat euch die Gestirne gesetzt als Leiter zu Land und See…"* aus dem *„Buch des Sängers"* in der Gedichtsammlung „West-östlicher Divan" wurde nach Katharina Mommsen *„durch Koran Sure 98 Vers 21 angeregt."* [15] Das ist ein Irrtum, der wohl auf einer ungeprüften Quellenübernahme beruht. Die Sure 98 hat nur 8 (!) Verse, von denen keiner auch nur etwas Annäherndes enthält. Der Irrtum stammt offenbar direkt aus den „Fundgruben des Orients",[16] von wo ihn schon

---

[10] Das Gesamtwerk Goethes schließt neben seinen literarischen Werken auch naturwissenschaftliche Texte, Briefe und andere Aufzeichnungen ein, die mittlerweile in verschiedenen Gesamtausgaben von mehreren Regalmetern vorliegen. Ich habe die klassische sogenannte „Weimarer Ausgabe" verwendet und in den folgenden Verweisen mit WA abgekürzt: Goethes Werke. Herausgegeben im Auftrage der Großherzogin Sophie von Sachsen. Abtlg. I-IV, 133 Bände in 143 Teilen, Weimar 1887-1919.

[11] Mommsen, Katharina: Die Bedeutung des Korans für Goethe, in: Reiss, H.: Goethe und die Tradition, Frankfurt 1972, 149.

[12] Sure 2:87; 2:136; 2:253.

[13] Mommsen, Momme: Studien zum West-Östlichen Divan, Berlin 1962, 146.

[14] Mommsen, Katharina: Goethe und die arabische Welt, Frankfurt 1988, 290 Anm. 2 mit Hinweis auf „Fundgruben des Orients Bd. 2 (1811)".

[15] Mommsen, Katharina: Goethe und die arabische Welt, Frankfurt 1988, 271.

[16] Fundgruben des Orients I, Wien 1809, 1.

Konrad Burdach bei den Lesarten zum West-östlichen Divan in die Weimarer Goethe-Ausgabe übertrug: „Koran 98. Sure V. 21 in Fundgruben 1,1 : „Er hat Euch die Gestirne gesetzt, als Leiter in der Finsternis zu Land und See." [17] Dieser Irrtum ist also seit 180 Jahren unberichtet und von Katharina Mommsen 1988 nochmals wiederholt.

Bei der folgenden Betrachtung werde ich übrigens auch einen teilweisen Überblick über Goethe und sein Werk geben. Ich gehe - vielleicht etwas zu pessimistisch - davon aus, daß heute selbst die Grundzüge der Biographie Goethes nicht mehr allgemein bekannt sind und verknüpfe deshalb in der folgenden Darstellung eine grobe biographische Skizze mit den wichtigsten Nachrichten über solche Werke Goethes, die einen erkennbaren Bezug zum Islam haben. Es ist selbstverständlich, daß dabei Vollständigkeit nicht erzielt werden kann, aber die besagten Werke Goethes lassen sich in der Zusammenschau mit den wichtigsten Ereignissen seines Lebens doch besser einschätzen.

GOETHES FRANKFURTER JUGEND UND LEIPZIGER STUDIUM

Johann Wolfgang Goethe kam am 28. August 1749 in Frankfurt am Main zur Welt. Sein Geburtshaus stand am Großen Hirschgraben. Es wurde nach der Zerstörung im 2. Weltkrieg wiederaufgebaut und ist heute Goethe-Museum. Goethes Vater war Jurist und vermittelte ihm von Anfang an eine umfassende Bildung, während seine Mutter ihn erzählerisches Talent erleben ließ.

Über seine Großmutter mütterlicherseits soll Goethe übrigens weitläufig auch von einer Familie Soldan abstammen, deren Stammvater angeblich Türke (richtiger vielleicht Araber) war. Diese Familie stammte aus Bracken-heim/Württemberg. Der erste dort Ansässige soll der Türke Sadoch Soldan (also wohl Sadiq Sultan) gewesen sein, der als Gefangener eines württembergischen Kreuzfahrers ins Land gekommen war und auf den Namen Johannes getauft wurde.[18] Goethe wuchs zunächst in Frankfurt auf und bezog 1765 mit 16 Jahren die Universität Leipzig, wo er dem Wunsch des Vaters folgend, aber wohl gegen

---

[17] WA I, 6, 364.
[18] Hansen, N.: Ein Tropfen Türkenblut in Goethes Adern? in: Jahrbuch der Sammlung Kippenberg, Leipzig 1927/28, 7, 302-11.

die eigene Neigung, ebenfalls das juristische Studium begann. Drei Jahre später kehrte er seelisch und körperlich erkrankt nach Frankfurt zurück, wo er sich nur langsam erholte.

STUDIUM IN STRASSBURG UND BEGEGNUNG MIT DEM KORAN

Anfang April 1770 traf Goethe dann in Straßburg ein, um sein juristisches Studium fortzuführen. Er verblieb dort bis zum Abschluß im August 1771. Von September 1770 bis April 1771 hielt sich in Straßburg auch Johann Gottfried Herder auf, zu dem Goethe sich zunächst stark hingezogen fühlte. Es wird davon ausgegangen, daß Herder in dieser Zeit Goethe zur Lektüre des Korans angeregt hat. (Dies erwähnt Katharina Mommsen mehrmals, ohne aber einen konkreten Beleg dafür zu nennen, wenn man von Herders eigenem Bezug zur arabischen Welt und Literatur, darunter auch zum Koran, einmal absieht).[19]

Zwei Blätter mit Auszügen aus dem übersetzten Koran, von Goethe selbst ausgewählt und niedergeschrieben, sind erhalten.[20] Es handelt sich dabei um folgende Stellen: Sure 2:106, 109, 159, 166, 172; Sure 3: 138, 174; Sure 4:142; Sure 5:70, 101; Sure 6:75, 73; Sure 10:10; Sure 13:8; Sure 17:80; Sure 20:26; Sure 29:43, 47, 49.

Einige dieser von Goethe notierten Koranverse tauchen später an verschiedenen Stellen seiner Werke wieder auf, manche sogar mehr als einmal. Darauf wird noch hinzuweisen sein. Als Koranübersetzungen lagen Goethe damals vor „Die Türkische Bibel..." übersetzt aus dem Arabischen ins Deutsche von David Friedrich Megerlin und erschienen in Frankfurt 1771/72 sowie die lateinische Koranübersetzung des Ludovico Maracci „Alcorani... in Latinum translatus", erschienen in Leipzig 1721. Sure 6:75 hat Goethe, wie auf dem Blatt von ihm selbst vermerkt, *„übersetzt aus dem Lateinischen des Maraccius."* [21] Auch hat er die Megerlin'sche Übersetzung, wo es ihm passend erschien, abgeändert und sprachlich

---

[19] Vgl. Mommsen, Katharina: Goethe und die arabische Welt, Frankfurt 1988, 33, 166, 170, 186 und vorher auch Mommsen, Katharina: Die Bedeutung des Korans für Goethe 139 in: Reiss, H.: Goethe und die Tradition, Frankfurt 1972.
[20] WA I, 39, 431-32; WA I, 53, 143-147.
[21] WA I, 53, 145.

zu verbessern versucht.[22]

Aus muslimischer Sicht ist hier noch anzumerken: In 2:159 hat Goethe eigene Auslassungen durch „*pp.*" und in 4:142, 5:101, 6:73 und 17:80 durch Querstriche (-) gekennzeichnet, während 3:138, 3:174, 29:47 und 29:49 ohne Kennzeichnung gekürzt wiedergegeben sind. Offensichtliche Übersetzungsfehler kann man Goethe nicht anlasten, da er sich ja nicht auf die koranische Urform des Textes beziehen konnte. Die letzten Worte von 3:174 müssen aber richtig lauten: „also glaubt an Gott und an Seine Gesandten!" und nicht, wie von Goethe notiert „dass sie glauben an Gott und an seinen Gesandten." In 20:26 muß es heißen: „und löse den Knoten (von) meiner Zunge", also allenfalls noch „den Bund", aber nicht „Löse auch auf das Band von meiner Zunge". Sure 6:73 ist eine völlig irrige Stellenangabe. Dieser Vers im Koran enthält keinen Bezug zum Paradies. Die „Gärten Edens" kommen in der ganzen Sure 6 überhaupt nicht vor. Es handelt sich zweifellos stattdessen um Sure 9:72.

Nur vermuten läßt sich schließlich, daß Goethe mit dem Wort „Fürtrefflichkeit" unter 29:43 f. den Ratschlag des Korans meinte: „Und streitet nicht mit den Leuten der Schrift, außer auf bessere Weise... und sagt: Wir glauben an das, was uns offenbart wurde und was euch offenbart wurde, und unser Gott und euer Gott ist ein Gott, und Ihm sind wir ergeben" (29:45) und so seine Übereinstimmung mit diesem Grundsatz festhielt. Die besagten Verse enthalten nämlich den Begriff „Fürtrefflichkeit" o.ä. nicht.

KORANISCHES SPURENELEMENT IM „GÖTZ" UND BRIEF AN HERDER

Seit dem 31. August 1771 war Goethe dann in Frankfurt als Anwalt zugelassen. Im November und Dezember desselben Jahres schrieb er die „Geschichte Gottfriedens von Berlichingen mit der eisernen Hand dramatisiert" nieder und erbat sich Herders Beurteilung. In der Goethe-Forschung wird heute angenommen, daß der Satz „*Gott wird euch Raum geben*",[23] den im 1. Aufzug Gottfried zu Martin spricht, von Sure 20:26 herrührt. Schon bei seinen

---

[22] Fischer-Lamberg, H.: Zu Goethes Koranauszügen, in: Grumach, E. (Hg.): Beiträge zur Goethe-Forschung, Berlin 1959,119-20.
[23] WA I, 39, 14,13.

Koranauszügen hatte sich Goethe ja auch diese Stelle notiert: *„XX. Sura. Tah. 26. Er sprach (Moses) o mein Herr mache mir Raum in meiner engen Brust. Mache mir auch mein Geschäfft leicht. Löse auch auf das Band von meiner Zunge.* " [24]

Allerdings ist hier der Zusammenhang ohne Kenntnis der detaillierten Begründung für diese Annahme nur schwer nachvollziehbar. Demnach handelt es sich nämlich bei der Beziehung sowohl des Gottfried und Martin wie auch Goethes und Herders um eine Parallele der auch im Koran beschriebenen Beziehung zwischen Moses und Aaron, wie sie in Sure 20:26 f. erwähnt ist.[25] Offenbar handelt es sich zudem auch um einen isolierten Fall von koranischer Nachwirkung.

Von Mai bis September 1772 hielt sich Goethe im Rahmen seiner juristischen Ausbildung am Reichskammergericht in Wetzlar auf. Aus dieser Zeit, wohl vor der Monatsmitte des Juli, stammt ein Brief Goethes an Herder, in den er den Satz eingeflochten hat: *„Ich möchte beten, wie Moses im Koran: Herr mache mir Raum in meiner engen Brust.* " [26] Hier ist der Bezug auf Sure 20:26 völlig eindeutig. Dieser Vers hat damals bei Goethe offenbar einen so starken inneren Widerhall hervorgerufen, daß er ihn auf der Grundlage seiner eigenen Auszüge wörtlich aus dem Koran zitiert.

DIE REZENSION DER MEGERLIN-KORANÜBERSETZUNG

Schon seit Ende 1771 war Goethe mit dem Darmstädter Schriftsteller Johann Heinrich Merck bekannt, der Goethe und Herder als Mitarbeiter für die von ihm herausgegebenen „Frankfurter Gelehrte Anzeigen" gewann. In diesem Rezensionsblatt erschien am 22. Dezember 1772 eine vernichtende kritische anonyme Besprechung der Koranübersetzung von Megerlin. Man geht im Allgemeinen davon aus, daß Goethe der Autor gewesen ist.[27] Da Goethe selbst diese Rezension aber bei der Zusammenstellung seiner Beiträge aus den „Frankfurter Gelehrte Anzeigen" nicht berücksichtigt hat, kann diese Annahme nicht als völlig sicher gelten. So vermutet deshalb beispielsweise Hans Heinrich Schaeder als Verfasser eher

---

[24] WA I, 53, 147, 4-8.
[25] Vgl. Mommsen, Katharina: Goethe und die arabische Welt, Frankfurt 1988, 172-76.
[26] WA IV, 2, 17, 15.
[27] Mommsen, Katharina: Goethe und die arabische Welt, Frankfurt 1988, 176.

Herder.[28] Der Text dieser Rezension lautet: „... *XVIII. M e g e r l i n s K o r a n.*
Diese elende Produktion wird kürzer abgefertigt. Wir wünschten, daß einmal eine
andere unter morgenländischem Himmel von einem Deutschen verfertigt würde, der
mit allem Dichter- und Prophetengefühl in seinem Zelte den Koran läse, und
Ahndungsgeist genug hätte, das Ganze zu umfassen. Dann was ist auch jetzo S a -
l e für uns? "[29]

Mit Sale ist die von Theodor Arnold besorgte deutsche Ausgabe der englischen
Koranübersetzung von George Sale gemeint, die als „Der Koran..." 1746 in Lemgo
erschienen war.

Goethe wird von mancher Seite auch als Verfasser einer anderen anonymen
Rezension in den „Frankfurter Gelehrte Anzeigen" vermutet, in welcher der Autor
seine Vertrautheit mit dem Orient zu erkennen gibt. Er kritisiert Hallers „Usong,
eine morgenländische Geschichte" und schreibt dazu u.a.:

„*Da die Scene aber im Morgenland ist, so begreift der geneigte Leser leicht, daß*
man nicht viel vom M e n s c h e n zu sehen bekommt, sondern daß alles im Mantel
und Schleyer eingehüllt ist. Selbst auf dem Persischen Mantel haben wir die sonst
gewöhnlichen Sittensprüche des Korans vermißt. Im Morgenlande reist man auch
nicht mit der Post, wie bey uns, sondern es ist oft eine Wallfahrt durch die Sandwüste
nach der Lampe des Propheten, die nicht brennen will. Unsre Leser werden uns also
verzeihen, wenn wir mit ihnen nicht von neuem durch das Land des Usong wallen.
Dem Lande fehlts, wie gesagt, oft an Wasserquellen, beschatteten Ruheplätzen, und
die Caravansereis sind auch dunkle Vierecke, wo der Tag nur durch die Thür herein
kommt. "[30]

DAS MAHOMET-FRAGMENT

Unübersehbare Früchte trug Goethes gewonnene Kenntnis des Korans in seinem
zwischen Herbst 1772 und Frühjahr 1773 begonnenen aber nie vollendeten Drama
„Mahomet".[31] In seiner selbstbiographischen Darstellung „Dichtung und Wahrheit"
berichtete Goethe 1813, also vierzig Jahre später, darüber. Er hätte damals die Be-

---

[28] Schaeder, Hans Heinrich: Goethes Erlebnis und der Osten, Leipzig 1938, 39.
[29] WA I, 38, 392-3.
[30] WA I, 38; 333.
[31] WA I, 39, 187-92.

kanntschaft des Züricher Geistlichen Lavater und des Pädagogen Basedow gemacht und an beiden Männern beobachtet, wie sie ihren Einfluß auf andere Menschen geltend machten. Goethe schreibt sodann:

„...Indem ich nun beide beobachtete, ja ihnen frei heraus meine Meinung gestand und die ihrige dagegen vernahm, so wurde der Gedanke rege, daß freilich der vorzügliche Mensch das Göttliche, was in ihm ist, auch außer sich verbreiten möchte. Dann aber trifft er auf die rohe Welt, und um auf sie zu wirken, muß er sich ihr gleichstellen; hierdurch aber vergibt er jenen hohen Vorzügen gar sehr, und am Ende begibt er sich ihrer gänzlich. Das Himmlische, Ewige wird in den Körper irdischer Absichten eingesenkt und zu vergänglichen Schicksalen mit fortgerissen. Nun betrachtete ich den Lebensgang beider Männer aus diesem Gesichtspunkt, und sie schienen mir ebenso ehrwürdig als bedauernswert: denn ich glaubte vorauszusehn, daß beide sich genötigt finden könnten, das Obere dem Unteren aufzuopfern. Weil ich nun aber alle Betrachtungen dieser Art bis aufs äußerste verfolgte und über meine enge Erfahrung hinaus nach ähnlichen Fällen in der Geschichte mich umsah, so entwickelte sich bei mir der Vorsatz, an dem Leben Mahomets, den ich nie als einen Betrüger hatte ansehen können, jene von mir in der Wirklichkeit so lebhaft angeschauten Wege, die anstatt zum Heil, vielmehr zum Verderben führen, dramatisch darzustellen. Ich hatte kurz vorher das Leben des orientalischen Propheten mit großem Interesse gelesen und studiert und war daher, als der Gedanke mir aufging, ziemlich vorbereitet...“ [32]

Goethe erläutert hier also zunächst, wieso er überhaupt die Person des Propheten Muhammad (s) als Gegenstand eines Dramas wählte. Er hatte kurz vorher Turpin's „Histoire de la Vie de Mahomet" gelesen, dessen erster Band 1773 in Paris erschienen war. Zwar schreibt Goethe, er habe den Propheten *„nie als einen Betrüger"* ansehen können, d.h. nach Goethes Meinung hat Muhammad (s) nicht absichtlich falsch gehandelt, aber er kam Goethe trotzdem als eine ideale weltgeschichtliche Figur vor, an der sich Fehlverhalten und Fehlleitung selbst großer Geister beim Zusammentreffen mit der *„rohen Welt"* vortrefflich würde demonstrieren lassen. Sodann schildert er, wie er das darzustellen geplant hatte:

„Das Stück fing mit einer Hymne an, welche Mahomet allein unter dem heiteren Nachthimmel anstimmt. Erst verehrt er die unendlichen Gestirne als ebenso viele

---

[32] WA I, 28, 294-5.

Götter; dann steigt der freundliche Stern Gad (unser Jupiter) hervor, und nun wird diesem, als dem König der Gestirne, ausschließliche Verehrung gewidmet. Nicht lange, so bewegt sich der Mond herauf und gewinnt Aug' und Herz des Anbetenden, der sodann, durch die hervortretende Sonne herrlich erquickt und gestärkt, zu neuem Preise aufgerufen wird. Aber dieser Wechsel, wie erfreulich er auch sein mag, ist dennoch beunruhigend, das Gemüt empfindet, daß es sich nochmals überbieten muß; es erhebt sich zu Gott, dem Einzigen, Ewigen, Unbegrenzten, dem alle diese begrenzten herrlichen Wesen ihr Dasein zu verdanken haben. Diese Hymne hatte ich mit viel Liebe gedichtet; sie ist verloren gegangen, würde sich aber zum Zweck einer Kantate wohl wieder herstellen lassen und sich dem Musiker durch die Mannigfaltigkeit des Ausdrucks empfehlen. Man müßte sich aber, wie es auch damals schon die Absicht war, den Anführer einer Karawane mit seiner Familie und dem ganzen Stamme denken, und so würde für die Abwechslung der Stimmen und die Macht der Chöre wohl gesorgt sein.

Nachdem sich also Mahomet selbst bekehrt, teilt er diese Gefühle und Gesinnungen den Seinigen mit; seine Frau und Ali fallen ihm unbedingt zu. Im zweiten Akt versucht er selbst, heftiger aber Ali, diesen Glauben in dem Stamme weiter auszubreiten. Hier zeigt sich Beistimmung und Widersetzlichkeit nach Verschiedenheit der Charakter. Der Zwist beginnt, der Streit wird gewaltsam, und Mahomet muß entfliehn. Im dritten Akt bezwingt er seine Gegner, macht seine Religion zur öffentlichen, reinigt die Kaaba von den Götzenbildern; weil aber doch nicht alles durch Kraft zu thun ist, so muß er auch zur List seine Zuflucht nehmen. Das Irdische wächst und breitet sich aus, das Göttliche tritt zurück und wird getrübt. Im vierten Akte verfolgt Mahomet seine Eroberungen, die Lehre wird mehr Vorwand als Zweck, alle denkbaren Mittel müssen benutzt werden; es fehlt nicht an Grausamkeiten. Eine Frau, deren Mann er hat hinrichten lassen, vergiftet ihn. Im fünften fühlt er sich vergiftet. Seine große Fassung, die Wiederkehr zu sich selbst, zum höheren Sinne, machen ihn der Bewunderung würdig. Er reinigt seine Lehre, befestigt sein Reich und stirbt.

So war der Entwurf einer Arbeit, die mich lange im Geist beschäftigte, denn gewöhnlich mußte ich erst etwas im Sinne beisammen haben, eh' ich zur Ausführung schritt. Alles, was das Genie durch Charakter und Geist über die Menschen vermag, sollte dargestellt werden, und wie es dabei gewinnt und *verliert. Mehrere einzuschaltende Gesänge wurden vorläufig gedichtet, von denen ist allein noch übrig, was, überschrieben „Mahomets Gesang", unter meinen Gedichten steht. Im Stücke sollte Ali zu Ehren seines Meisters auf dem höchsten Punkte des Gelingens diesen Gesang vortragen, kurz vor der Umwendung, die durch das Gift geschieht. Ich erinnere mich auch noch der Intentionen einzelner Stellen, doch würde mich die Entwicklung derselben hier zu weit führen."* [33]

Genau betrachtet ging es Goethe hierbei also gar nicht speziell um den Propheten Muhammad (s) selbst, sondern er wollte vielmehr, wie er hier erläutert, eine allgemeine Erscheinung an seinem Beispiel darstellen. Fragmente dieses Mahomet-Dramas tauchten nach Goethes Tod wieder auf. [34] Dem Manuskript waren die schon erwähnten Koranauszüge beigelegt. [35] Ganz eindeutig ist natürlich der Einfluß einer bestimmten Koranpassage auf dieses Goethe-Stück. Es handelt sich dabei um Sure 6:75 f., die in Goethes Koranauszügen enthalten und *„übersetzt aus dem Lateinischen des Maraccius"* ist. Diese im Koran auf den Propheten Abraham bezogene Passage hat Goethe mit seinem Mahomet verknüpft. Ein Vergleich der Koranverse mit Goethes Text zeigt deutlich, daß Goethe nicht bloß die Gedanken, sondern sogar Wörter und Wortreihen direkt übernommen hat:

„VI. Sura. das Vieh.
Übersetzt aus dem Lateinischen des Maraccius.

V.75. Abraham sprach zu seinem Vater Azar:
Ehrst du Götzen für Götter? Wahrhaftig, ich erkenne deinen
und deines Volks offenbaren Irrthum.
Da zeigten wir Abraham
des Himmels und der Erde Reich, daß er
im wahren Glauben bestätigt würde.

---

[33] WA I, 28, 295-7.
[34] WA I, 39,187-92; 430.
[35] WA I, 39, 431.

Feld. Gestirnter Himmel. Mahomet allein.
Teilen kann ich euch nicht dieser Seele Gefühl.
Fühlen kann ich euch nicht allen gantzes Gefühl.
Wer, wer wendet dem Flehen sein Ohr?
Dem bittenden Auge den Blick?

Und als die Nacht über ihm finster ward,
sah er das Gestirn und sprach: Das ist mein Herrscher!
Da es aber niederging, rief er: Untergehende lieb' ich nicht.

Sieh, er blincket herauf, Gad, der freundliche Stern,
Sey mein Herr du! Mein Gott. Gnädig winckt er mir zu!
Bleib! Bleib! Wendst Du dein Auge weg?
Wie? Liebt ich ihn, der sich verbirgt?

Dann sah er den Mond aufgehen, sprach: Das ist mein Herrscher!
Da er aber niederging, sagt er: Wenn mich mein Herr nicht leitet,
geh' ich in der Irre mit diesem Volck.

Sey geseegnet o Mond! Führer du des Gestirns,
Sey mein Herr du, mein Gott! Du beleuchtest den Weeg.
Lass! Lass nicht in der Finsternis
Mich irren mit irrendem Volck.

Wie aber die Sonne heraufkam, sprach er: Das ist mein Herrscher.
Er ist größer. Aber da sie auch unterging, sprach er:
O mein Volck, nun bin ich frei von deinen Irrthümern!

Sonn, dir glühenden weiht sich das glühende Herz.
Sey mein Herr du, mein Gott! Leit allsehende mich.
Steigst auch du hinab, herrliche?
Tief hüllet mich Finsternis ein.

Ich habe mein Angesicht gewendet zu dem,
der Himmel und Erde erschaffen hat. [36]

Hebe, liebendes Herz, dem Erschaffenden dich!
Sey mein Herr du, mein Gott! Du alliebender, du
Der die Sonne, den Mond und die Stern
Schuf, Erde und Himmel und mich. " [37]

Katharina Mommsen bemerkt hierzu noch: „Die Goethe-Forschung hat festgestellt, daß Goethe für seinen Hymnus die Übersetzungen von Maracci und Megerlin miteinander verschmolz. Aus Megerlin stammt die (falsch übersetzte) Stelle von den Sternen und der polytheistische Gedanke, aus Maracci der einzelne leuchtende Stern." [38]

Daß diese Hymne und einige andere kleine Bruchstücke seines geplanten Mahomet-Dramas noch einmal auftauchen würden, hat Goethe wie erkennbar, nicht geahnt. Für uns ist es aber eine Erhärtung seiner Mitteilungen darüber und läßt bis ins Einzelne erkennen, wie Goethe hierbei eine Passage aus dem Koran zum Vorbild genommen hat, worauf er in „Dichtung und Wahrheit" ja nicht hinwies. Wegen seines Fragment-Charakters ist dies aber im Allgemeinen nicht sonderlich beachtet worden. Besser bekannt wurde dagegen „Mahomets Gesang", weil dieser von Goethe selbst unter seinen Gedichten aufgenommen wurde, der aber seinerseits keinen Beleg dafür bietet, daß Goethe zumindest stellenweise direkt aus dem Koran geborgt hat. Er gehörte aber wie gesagt ursprünglich ebenfalls zu Goethes Mahomet-Drama:

MAHOMETS GESANG

Seht den Felsenquell,
Freudehell,
Wie ein Sternenblick;

---

[36] WA I, 39, 432.
[37] WA I, 39,189.
[38] Mommsen, Katharina: Goethe und die arabische Welt, Frankfurt 1988, 200-1.

Über Wolken
Nährten seine Jugend
Gute Geister
Zwischen Klippen im Gebüsch.
Jünglingfrisch
Tanzt er aus der Wolke
Auf die Marmorfelsen nieder,
Jauchzet wieder
Nach dem Himmel.

Durch die Gipfelgänge
Jagt er bunten Kieseln nach,
Und mit frühem Führertritt
Reißt er seine Bruderquellen
Mit sich fort.

Drunten werden in dem Thal
Unter seinem Fußtritt Blumen,
Und die Wiese
Lebt von seinem Hauch.
Doch ihn hält kein Schattenthal,
Keine Blumen,
Die ihm seine Knie' umschlingen,
Ihm mit Liebesaugen schmeicheln:
Nach der Ebne dringt sein Lauf
Schlangenwandelnd.

Bäche schmiegen
Sich gesellig an. Nun tritt er
In die Eb'ne silberprangend,
Und die Eb'ne prangt mit ihm,
Und die Flüsse von der Eb'ne
Und die Bäche von den Bergen

Jauchzen ihm und rufen: „Bruder!
Bruder, nimm die Brüder mit,
Mit zu deinem alten Vater,
Zu dem ew'gen Ozean,
der mit ausgespannten Armen
Unser wartet,
Die sich ach! vergebens öffnen,
Seine Sehnenden zu fassen;
Denn uns frißt in öder Wüste
Gier'ger Sand; die Sonne droben
Saugt an unserm Blut; ein Hügel
Hemmet uns zum Teiche! Bruder,
Nimm die Brüder von der Eb'ne,
Nimm die Brüder von den Bergen
Mit, zu deinem Vater mit!" -

„Kommt, ihr alle!" -
Und nun schwillt er
Herrlicher; ein ganz Geschlechte
Trägt den Fürsten hoch empor,
Und im rollenden Triumphe
Giebt er Ländern Namen, Städte
werden unter seinem Fuß!

Unaufhaltsam rauscht er weiter,
Läßt der Türme Flammengipfel,
Marmorhäuser, eine Schöpfung
Seiner Fülle, hinter sich.

Zedernhäuser trägt der Atlas
Auf den Riesenschultern: sausend
Wehen über seinem Haupte
Tausend Flaggen durch die Lüfte,

Zeugen seiner Herrlichkeit.
Und so trägt er seine Brüder,
Seine Schätze, seine Kinder
dem erwartenden Erzeuger
Freudebrausend an das Herz.

EIN IRONISCHES GEDICHT

Die persönliche Bekanntschaft mit dem Züricher Prediger Lavater, dessen Auftreten eine der Anregungen für das besagte „Mahomet-Drama" war, schloß Goethe dann im Jahre 1774, nachdem er schon seit August 1773 mit ihm in brieflicher Verbindung gestanden hatte. Ende Juni 1774 machte Lavater auf einer Reise auch einen Besuch bei Goethe, der ihn weiter nach Bad Ems begleitete. In Lavaters Tagebuch über diese gemeinsame Zeit heißt es, daß Goethe ihm damals u.a. die nachstehenden Worte diktiert hatte:

„II. Sura.
Es ist so viel Heimweh in der Welt,
daß eins dem anderen die Waage hält;
Da streckt er sich in seinem Bett - denkt,
o daß ich mein Weibchen hätt.
Ich kröne mich in meinem Sinn;
Fort ist die gute Meyerin!
Doch hoffen wir wieder Mayen Freud,
Er lehret und bekehrt die Leut,
Ich fahr' zum schönen Liesel heut.
explicit Sura." [39]

In diesen Gelegenheitsversen spielt Goethe auf Lavaters und seine eigene Lage während ihrer gemeinsamen Reise an. Lavater denkt an seine Frau, Goethe an eine Frauenbekanntschaft. Lavater *„lehret und bekehrt"*, Goethe wendet sich der nächsten Frauenbekanntschaft zu. Das Ganze wird bezeichnet als *„Zweite Sura"*,

---

[39] WA I, 5/2, 359, 9a.

also eine eindeutige Anlehnung an den Koran. Was „*explicit Sura*" am Ende bedeuten soll, hat die Goethe-Forschung bis heute nicht eindeutig geklärt. Aus muslimischer Sicht muß diese Anlehnung an den Koran als eine Geschmacklosigkeit bezeichnet werden, besonders wenn man den Inhalt der 2. Sure kennt und berücksichtigt und daran denkt, wie streng der Islam jegliche außereheliche Beziehung verurteilt. Andererseits muß man Goethe zugutehalten, daß er selbst diese Zeilen nie veröffentlicht und sie wohl auch nicht ernst gemeint hat.

GOETHE IN WEIMAR

Ebenfalls 1773, im Sommer, hatte Goethe mit den ersten Arbeiten am Drama „Faust" begonnen, das als sein bedeutendstes Werk anzusehen ist. Zwar hat er sich auch in den beiden folgenden Jahren weiter damit beschäftigt, doch es nicht zügig voranbringen können. 1774 ist vielmehr das Jahr der „Leiden des jungen Werther", dem Goethe seine Neigung zu einer anderseitig gebundenen Dame zugrunde legte. Im Herbst 1775 - Goethe ist damals gerade 26 Jahre alt - ergab sich dann die wohl entscheidendste Veränderung in seinem Leben. Er folgt einer Einladung des 18 jährigen Herzogs Carl August nach Weimar in Sachsen. Goethe entschließt sich bald, auf Dauer in Weimar zu bleiben und wird Hofbeamter des Herzogs in unterschiedlichen Funktionen, vereidigt am 25. Juni 1776. Im Zusammenhang mit dieser Tätigkeit wird er 1779 zum „Geheimen Rath" ernannt und 1782 in den Adelsstand erhoben - nun v. Goethe. Auch sein Anschluß an die Freimaurerei ist in diesem Zusammenhang zu sehen. 1780 trat er der Weimarer Loge Amalia bei. Er befreundete sich mit Charlotte v. Stein und entdeckte bei naturwissenschaftlichen Studien 1784 den Zwischenkieferknochen.

Unterbrochen wurde Goethes Weimarer Tätigkeit ab dem Herbst 1786 durch eine ausgedehnte Italienreise, während derer er sich vor allem Fragen der bildenden Kunst, aber auch naturwissenschaftlichen Beobachtungen widmete. Außerdem diente ihm diese Reise dazu, eine Art Bilanz zu ziehen und führte zu dem Entschluß, sich der Fortführung begonnener Werke zu widmen. So befaßte er sich auch zum ersten Mal seit 1775 wieder mit dem „Faust". Erst im Juni 1788 traf Goethe wieder in Weimar ein. Dort arbeitete er u.a. auch am „Faust" weiter, dessen ersten Teil er schließlich im Frühjahr 1806, also nach über 30 Jahren, abschloß.

SPURENELEMENTE AUS DEM KORAN IM „FAUST"

Spurenelemente koranischen Materials lassen sich auch im „Faust" feststellen, worauf meines Wissens von der Goethe-Forschung bisher noch nicht hingewiesen worden ist.

In einem der ersten Abschnitte des Dramas, im „Prolog im Himmel" - geschrieben wohl 1789 - treten auf: Der Herr, d.i. Gott, die drei Erzengel Raphael, Gabriel und Michael sowie Mephistopheles, der Teufel. Zwischen Gott und dem Teufel kommt das Gespräch auf Dr. Faust:

„ Der Herr: ‚Kennst du den Faust?'
Mephistopeles: ‚Den Doktor?'
Der Herr: ‚Meinen Knecht. '" [40]

Der Bibelkenner erinnert sich hier an den Anfang des Buches Hiob (1,6-12), worauf Goethe auch in seinem Gespräch mit Eckermann am 18.1.1825 hinwies. Der Ausdruck *„Meinen Knecht"* erinnert aber auch deutlich an die islamische Vorstellung vom Menschen als „Knecht Gottes" und den koranischen Ausdruck „'ibadi - meine Knechte", wie er zuerst in Sure 2:186 vorkommt, wo Allah spricht: „Und wenn Meine Knechte dich nach Mir fragen, dann bin Ich nahe..."

Interessanterweise findet man den selben Ausdruck „'ibadi - Meine Knechte" in Sure 15:42: „Siehe, Meine Knechte, nicht ist dir Macht über sie, außer über die Verführten, die dir folgen." Dies sind im Koran Worte Allahs an den Teufel.

Im „Faust" fordert wenige Zeilen später Mephistopheles den Herrn, d.h. Gott heraus:

„Was wettet ihr? Den - gemeint ist Faust - *sollt ihr noch verlieren, wenn ihr mir die Erlaubnis gebt, ihn meine Straße sacht zu führen!"*
Der Herr: *„So lang' er auf der Erde lebt, so lange sei dir's nicht verboten,*
Es irrt der Mensch, so lang' er strebt. " [41]

Im Koran Sure 15:35 f. verflucht Allah den Iblis, den Teufel, wegen seines Ungehorsams bis zum Tag des Gerichts. Darauf erbittet Iblis Aufschub bis zum

---

[40] WA I,14,21.
[41] WA I,14, 22.

Tag der Auferstehung, und Allah gewährt ihm diesen Aufschub. Nun sagt der Teufel: „Mein Herr, dieweil du mich irreführtest, wahrlich, so will ich ihnen auf Erden (die Dinge) ausschmücken und will sie verführen allzumal, außer deinen Knechten unter ihnen, den lauteren." Allah spricht daraufhin: „Das ist ein Weg, ein rechter. Siehe, Meine Knechte, nicht ist dir Macht über sie, außer über die Verführten, die dir folgen." [42]

Die Anklänge und Übereinstimmungen sind verblüffend. Im „Faust", wie im Koran Sure 15:39 ff. spricht Gott von seinem bzw. seinen Knechten. Im „Faust" wie im Koran bekundet der Teufel seine Absicht, den Knecht Gottes irrezuführen, im Koran will er ihnen „es ausschmücken", im „Faust" ihn *„sacht führen"*. Im „Faust" wie im Koran wird ausdrücklich die Zeit des Menschen *„auf der Erde"* genannt, während derer diese Verführung stattfinden soll, im „Faust" Gott in den Mund gelegt, im Koran ein Wort des Teufels. Im „Faust" wie im Koran findet sich das „Irren" - *„Es irrt der Mensch, so lang' er strebt"* und „dieweil du mich irreführtest..." Im „Faust" wie im Koran gibt Gott dem Teufel die Erlaubnis für seinen Versuch: *„so lange sei dir's nicht verboten"* - „Das ist ein Weg, ein rechter..."

Ja, der *„Weg"* und sogar der *„rechte Weg"* kommen, wie im Koran, so im „Faust" vor, und sowohl im „Faust" wie im Koran spricht Gott die Hoffnungslosigkeit des Unterfangens aus, das der Teufel in Angriff nehmen will:

„Nun gut, es sei dir überlassen!
Zieh diesen Geist von seinem Urquell ab
Und führ ihn, kannst du ihn erfassen,
Auf deinem Wege mit herab
Und steh' beschämt, wenn du bekennen mußt:
Ein guter Mensch in seinem dunklen Drange
Ist sich des rechten Weges wohl bewußt." [43]

Und im Koran:
„Das ist ein Weg, ein rechter. Siehe, Meine Knechte, nicht ist dir Macht über sie

---

[42] Sure 15:39-42.
[43] WA I 14, 22.

gegeben, außer über die Verführten, die dir folgen." [44]

Es hat den Anschein, als sei hier die koranische Passage gewissermaßen gespiegelt. Manches, das im Koran am Ende steht, bildet im „Faust" den Anfang, und manche Worte, die im Koran der Teufel spricht, werden im „Faust" dem Herrn in den Mund gelegt. Darüber, daß es sich um dasselbe Motiv handelt, besteht aber kein Zweifel, nämlich - eingekleidet in einen Dialog zwischen dem Teufel und Gott - der Anbeginn der Versuchung des Menschen durch das Böse. Nur im Koran, nicht in der Bibel - man vergleiche 1. Moses 3 - kommt dies so vor.

Auch an der zweiten Stelle, wo im „Faust" von Gott die Rede ist, nämlich in „Marthens Garten", deuten sich ebenfalls koranische Spurenelemente an. Hier konfrontiert Gretchen den Faust mit der sprichwörtlich gewordenen Frage: „Nun sag', wie hast du's mit der Religion?" und Faust erwidert auf Gretchens Einwurf „So glaubst du nicht?" mit folgenden Worten:

„Mißhör mich nicht, du holdes Angesicht!
Wer darf ihn nennen? Und wer bekennen ich glaub' ihn?
Wer empfinden und sich Unterwinden, zu sagen: ich glaub' ihn nicht?
Der Allumfasser, der Allerhalter, faßt und erhält er nicht
Dich, mich, sich selbst?
Wölbt sich der Himmel nicht da droben?
Liegt die Erde nicht hier unten fest?...
Nenn's Glück! Herz! Liebe! Gott!
Ich habe keinen Namen dafür..." [45]

Das koranische Vorbild ist hier offenbar Sure 59:22-24, speziell der letzte Vers. Das Motiv ist „Allahs schönste Namen" oder, wie Goethe öfter sagte, „das Namenshundert", das ja auch an anderen Stellen in seinem Werk - im „West-östlichen Divan" - zur Anregung gedient hat. Auf den Zusammenhang mit diesen „schönsten Namen" Allahs deutet nicht nur das Wortpaar „Der Allumfasser, der Allerhalter" mit seiner charakteristischen islamischen Färbung. Sowohl im

---

[44] Sure 15:41-42.
[45] WA I,14,173-4.

„Faust" wie in besagten Koranversen kommen auch „Himmel und Erde" vor:

„Er ist Allah, der Schöpfer, der Erschaffer, der Bildner. Sein sind die schönsten Namen. Ihn preiset, was in den Himmeln und auf Erden ist, denn Er ist der Mächtige, der Weise." (59:24)

„Allah... Sein sind die schönsten Namen", heißt es außerdem hier im Koran, und die Worte Faustens sind der eingestanden nicht gelingende Versuch, etwas mit diesen „schönsten Namen" zu benennen: „Nenn's Glück! Herz! Liebe! Gott! Ich habe keinen Namen dafür..."

Offensichtlich hat sich Goethe also nicht nur an der ersten, sondern an den beiden Stellen im „Faust", wo sich Aussagen über Gott finden, dem Einfluß des Korans nicht entzogen, sondern ist auch hier auf ihn zurückgekommen. Wann, wo und wie er die hier zugrundeliegenden Passagen kennenlernte, und wie er sie im Einzelnen verarbeitet hat, mag die Goethe-Forschung herausfinden, wenn sie es denn vermag. Zu entdecken waren diese Zusammenhänge aber offenbar nur auf Grund einer gewissen Vertrautheit mit der Quelle, aus der Goethe immer wieder geschöpft und wie wir sehen werden, viel öfter als bisher bekannt ist, geschöpft hat: dem Koran.

GOETHES FATALISMUS

Im Jahre 1792 begleitete Goethe seinen Herzog auf dem Feldzug gegen die Franzosen. Dabei beobachtete er eine bestimmte Grundeinstellung bei sich selbst und anderen Menschen, die er folgendermaßen beschrieb:

Der Mensch, wenn er sich getreu bleibt, findet zu jedem Zustande eine hülfreiche Maxime; mir stellte sich, sobald die Gefahr groß ward, der blindeste Fatalismus zur Hand, und ich habe bemerkt, daß Menschen, die ein durchaus gefährlich Metier treiben, sich durch denselben Glauben gestählt und gestärkt fühlen. Die Mahomedanische Religion gibt hievon den besten Beweis. [46]
Während dieser „blinde Fatalismus" Goethes sich auf manche Erlebnisse während des Feldzuges bezieht, ist der Hinweis auf die „Mahomedanische Religion" aber vielleicht auch erst in die Zeit anzusetzen, in der Goethe die „Campagne in Frankreich" geschrieben hat, nämlich 1821/22, als er sich, wie noch zu schildern ist, gerade mehrere Jahre intensiver mit dem Orient, auch dem

---

[46] WA I, 33,123.

Islam, befaßt hatte. Auch davon, daß Goethe den *„Fatalismus"* als ein hervorragendes Wesensmerkmal des Islam verstanden hat, war schon eingangs die Rede. In der vorliegenden Äußerung Goethes findet sich deshalb ein erster, wenn auch vielleicht nur andeutungsweiser, Hinweis darauf, daß er sich - zumindest mit diesem Wesenszug - des Islam identifizieren kann. Hierüber ist später noch mehr zu sagen.

DER VERRAT AN MOHAMMAD

Goethes Anstellung am Weimarer Hof führte im Januar 1791 dazu, daß ihm die Einrichtung und Leitung des „Weimarer Hoftheater" übertragen wurde, das er noch im Mai desselben Jahres eröffnete. Im Zusammenhang damit ergab sich eine nächste, diesmal unübersehbare Auseinandersetzung Goethes mit dem Islam, denn 1799 veranlaßte ihn der Herzog, ein von Voltaire stammendes Mahomet-Drama aus dem Französischen ins Deutsche zu übertragen und für die Bühne vorzubereiten. Goethe kam diesem Wunsch im Laufe des Jahres nach, und dieser „Mahomet", wohl das unschönste Kapitel in Goethes Beziehung zum Islam, wurde am 30. Januar 1800 in Weimar uraufgeführt. Dem schloß sich im Januar 1801 noch die Goethe-Übersetzung und Aufführung des „Tancred" an, ebenfalls nach Voltaire. Als nur sehr indirekt können schließlich die Berührungen Goethes mit dem Islam bezeichnet werden, die darin bestanden, daß am 28. November 1802 zum ersten Mal Lessings „Nathan der Weise" in Schillers Bühnenbearbeitung und am 30. Januar 1806 der „Cid" von Corneille in Niemeyers Bühnenbearbeitung zur Aufführung kamen. Was den „Mahomet nach Voltaire" angeht, hatte dieser aber weitreichendere Folgen.

Zum besseren Verständnis ist hier eine kurze Beschreibung dieses „Mahomet"-Stückes erforderlich, wobei schon eingangs darauf hingewiesen werden muß, daß sich Goethe von geringfügigen Veränderungen abgesehen voll und ganz an dem Drama Voltaires orientiert hat und alles völlig unberücksichtigt ließ, was er selbst über den Islam und vor allem über das Leben des Propheten Muhammad (s) aus anderen Quellen wußte. Deshalb entspricht auch, wie schon bei Voltaire, weder der geschilderte Ablauf der Geschehnisse noch kaum eine Einzelheit den historischen Tatsachen. Auf all dies kann hier im Einzelnen nicht eingegangen werden. Der Muslim, dem die Biographie des Propheten Muhammad (s) einigermaßen bekannt ist, sieht sofort, daß hier die Geschichte völlig verfälscht und der Prophet maßlos, ja schamlos, verleumdet wird. Der nichtmuslimische Betrachter kann ohne Kenntnis der Lebensgeschichte des Propheten gar keinen Vergleich mit der Voltaire-Goethe'schen „Mahomet"-Tragödie anstellen. Es muß ihm hier der Hinweis genügen, daß die Voltaire-Goethe'sche Person der Palmire, auf die sich in der Tragödie die ganze Handlung stützt, eine völlige Erfindung ist und es im Leben des Propheten Muhammad (s) keine auch nur annähernd entsprechende Person gegeben hat. Damit dürfte dem aufmerksamen Beobachter auch verständlich werden, daß die auf Palmire aufbauende Handlung dann in keiner Weise der Realität entspricht. Doch nun zum Inhalt dieses „Mahomet nach Voltaire":

Der alte Sopir (vielleicht „Zubair"?), das Oberhaupt Mekkas, will dem Rat seines Senators nicht folgen, daß man mit Mahomet einen Frieden anstreben müsse. Das Angebot, Mahomet die ihm geraubte Sklavin Palmire zurück-zugeben, was dieser als Preis für den Frieden mit Mekka fordert, lehnt er ab. Er selbst fühlt sich auf unerklärliche Weise zu Palmire hingezogen. Palmire ihrerseits, die von Mahomet von Kind an aufgezogen worden war, möchte gern zu ihm zurück. Omar kommt als Abgesandter Mahomets, um mit Sopir zu verhandeln. Sopir lehnt auch dies ab. Für ihn ist Mahomet ein Betrüger und Ty-rann.

Inzwischen trifft Seide (wohl „Zaid"?) die Palmire bei Sopir. Seide ist ein junger Mann, der ebenfalls von Mahomet großgezogen wurde - nur hierin gibt es einen Anklang an Zaid b. Haritha - und der sich als Geisel in Mekka befindet und Palmire liebt. Beide beklagen ihr Leid als Gefangene und setzen alle ihre Hoffnungen darauf, daß Mahomet sie befreien und dann einander in die Ehe geben wird.

Nun zeigt Mahomet dem Omar sein wahres Gesicht. Er will Palmire für sich selbst. Sie allein ist *„der Arbeit einz'ger Zweck, der Götze, dem ich räuchre ja! mein Gott!"* [47] Omar erfährt, was selbst Seide und Palmire nicht wissen: Daß sie Geschwister und Kinder Sopirs sind.

Mahomet selbst kommt zu Sopir. Allein mit ihm, legt er sein wahres Wesen offen: *„Wir sind hier allein! Du sollst mich kennen lernen; höre mich. Mich treibt*

---

[47] WA I, 9, 301.

die Ehrsucht; jeden Menschen treibt sie... " [48] Er bietet Sopir Freundschaft an.
„Sopir: Freunde? Wir? Auf welches Blendwerk rechnest du? Wo ist der Gott, der
solch ein Wunder leistet?
Mahomet: Er ist nicht fern, ist mächtig! Sein Gebot wird stets befolgt, er spricht
zu dir durch mich.
Sopir: Wer?
Mahomet: Die Notwendigkeit, dein Vorteil!
Sopir: Nein! Eh' uns ein solches Band vereinen soll, eh' mag die Hölle sich dem
Himmel paaren. Der Vorteil ist dein Gott, der meine bleibt Gerechtigkeit... " [49]

Mahomet deutet Sopir an, daß seine fünfzehn Jahre verschollenen Kinder am
Leben sind, und er sie Sopir zurückgeben würde, wenn dieser Mahomet die Stadt
Mekka übergibt. Sopir ist verzweifelt, aber er lehnt auch dies ab.

Nun greift Mahomet zu anderen Mitteln. Er plant, daß Seide, dem Palmire
unschuldig zuneigt, in Unkenntnis seiner wahren Herkunft den eigenen Vater,
Sopir, ermorden soll. Er verspricht trügerisch, daß er Seide nach Ausführung des
Mordes Palmire geben werde und beauftragt zugleich Omar, dem Seide ein
langsam wirkendes Gift zu verabreichen, an dem er nach vollbrachter Tat selbst
sterben soll.

Seide beginnt zu zweifeln und berät sich mit Palmire, ob es richtig ist, den alten
Mann zu ermorden. Auch Palmire verspürt eine innere Bindung an Sopir, die sie
sich nicht erklären kann. Mahomet, der von Seides Zweifeln erfährt, überzeugt
ihn mit dem Hinweis auf die Geschichte Abrahams:

„War es nicht Abraham, der seinen Sohn, den einz'gen, am Altar, das ew'ge
Wort anbetend, fesselte; für seinen Gott, die Stimme der Natur erstickend, selbst
das Messer nach dem vielgeliebten Busen zückte? Wenn dieser Gott dich nun zur
Rache ruft, wenn ich die Strafe seines Feindes verlange, wenn er dich wählt, so
darfst du zweifelnd schwanken? " [50]

Seide ist nun bereit zu gehorchen, doch plagt ihn weiter sein Gewissen,
besonders als Sopir ihm Schutz und Sicherheit anbietet. Als Seide davon-
gegangen ist, erhält Sopir die Nachricht, daß Seide und Palmire seine

---

[48] WA I, 9, 303.
[49] WA I, 9, 307.
[50] WA I, 9, 324.

verschollenen Kinder sind.

Seide eröffnet Palmire, daß sie der Preis ist, den Mahomet ihm gibt, wenn er Sopir ermordet. Beide sind verzweifelt, weil ihr Weg zueinander so nur über den Mord an Sopir möglich ist. Seide mißversteht eine Äusserung Palmires als ihr Einverständnis und ist nun zur Tat entschlossen. Er ersticht Sopir, der gerade seine Götter gebeten hat, vor seinem Tod doch seine Kinder noch wieder zu bekommen. Sopir lebt noch lange genug, um zu erfahren, daß es sein eigener Sohn war, der ihn ermordet hat. Palmire will nun ihrerseits die Schuld auf sich nehmen. Der sterbende Sopir dankt seinen Göttern für das Wiederfinden seiner Kinder und trägt ihnen auf, an Mahomet Rache zu nehmen. Bevor es dazu kommt, stirbt aber auch Seide an dem schon in ihm wirkenden Gift, und Palmire sagt sich von Mahomet los, beschimpft ihn als Ungeheuer, das zwei reine Herzen zum Vatermord getrieben hat, und ersticht sich selbst.

Eine wahrhafte Tragödie also, und besonders aus der Sicht eines Muslims deshalb, weil das alles mit den Namen des Propheten Muhammad (s) und seiner aufrechten Gefährten Omar und Zaid verknüpft wurde, aber, wie Goethe selbst wußte, in Wirklichkeit mit keinem von ihnen irgendetwas zu tun hat. Tragisch auch, daß gerade Goethe sich dadurch - zumindest in seiner Epoche - zum Vorreiter des Verbreitens erlogener Informationen und schlimmster Vorurteile gegenüber dem Propheten und damit dem Islam gemacht hat. Wie kam aber nun Goethe dazu, sich so zu vergreifen und der historischen Wahrheit wie seinem eigenen Gewissen derart Gewalt anzutun?

Zwar darf man mit Katharina Mommsen davon ausgehen, daß Goethe diesen Schritt wohl nicht „aus eigenem Antrieb" unternommen hätte. [51] Das ergibt sich schon aus dem folgenden Abschnitt seines Briefkonzepts vom 3. Januar 1800 an den Herzog:

„Zu dem, vielleicht manchem sonderbar scheinenden Unternehmen, den Voltairschen Mahomet zu übersetzen, hat mich der Wunsch meines Fürsten gleichsam hingedrängt. Ich bin ihm so unendlich viel schuldig, indem ich ihm eine Existenz verdanke, ganz nach meinen Wünschen, ja über meine Wünsche, welches bey einer wunderlichen Natur, wie die meinige nicht wenig sagen will,

---

[51] Mommsen, Katharina: Goethe und die arabische Welt, Frankfurt 1988, 221.

daß ich es für Pflicht hielt so gut ich konnte sein Verlangen zu erfüllen. " [52]

Dieser Brief erklärt Goethes „Verrat" am Propheten Muhammad (s). Es war die enge Verbindung, ja die schiere Abhängigkeit vom Hofe in Weimar und vom Herzog persönlich, die ihn dazu brachte, gegen besseres Wissen und gegen die eigene Überzeugung ein Theaterstück über den Propheten herauszubringen, in welchem nicht bloß seine Lebensgeschichte faktisch verfälscht, sondern auch seine Persönlichkeit aufs Äußerste verunglimpft wird.

Eine „Ehrenrettung" Goethes hat die Goethe-Forscherin Katharina Mommsen versucht, die offensichtlich letztlich für Goethe doch mehr Sympathie als für den Propheten des Islam empfindet und viel Mühe darauf verwendet, zu zeigen, daß Goethe sich hier in einer Zwangslage befunden hat. Dem Wunsch des Herzogs nicht zu entsprechen, sei ihm als „Ding der Unmöglichkeit" erschienen. [53] Er habe dieses „sonderbare" Unternehmen nur mit Unbehagen ausgeführt, und auch dem Herzog sei bewußt gewesen, daß er hier Goethe „Gewalt angetan hatte", [54] weshalb er ihn scherzhaft tröstend mit dem Ehrennamen „Meccanus" belegte. [55] Vor allem aber habe Goethe den Voltaire'schen „Mahomet" gewissermaßen entschärft und sich bemüht, den Propheten doch in etwas besserem Licht erscheinen zu lassen, vor allem aber nicht ihn, sondern andere Personen des Stückes, insbesondere Seide und Palmire, in den Vordergrund zu stellen. [56] Sie verweist dabei auf Said H. Abdel-Rahim, der diese „Entschärfung" Goethes noch deutlicher aufgezeigt hat. [57]

Aber all das kann nicht erklären - und wird auch nicht zu erklären versucht - weshalb es offenbar keine Zeugnisse von etwaigem Bemühen Goethes gibt, sich dieser Aufgabe wirklich zu entziehen und vor allem nicht, weshalb Goethe das Stück im Nachhinein selbst akzeptiert und gutgeheißen hat und nicht, wie bei manchen anderen Werken, den Mantel des Schweigens darüber deckte.

Ein interessantes Detail liefert übrigens noch der folgende Brief an Thouret

---

[52] WA IV, 15, 8.
[53] Mommsen, Katharina: Goethe und die arabische Welt, Frankfurt 1988, 222.
[54] Mommsen, Katharina: Goethe und die arabische Welt, Frankfurt 1988, 223.
[55] Mommsen, Katharina: Goethe und die arabische Welt, Frankfurt 1988, 224.
[56] Mommsen, Katharina: Goethe und die arabische Welt, Frankfurt 1988, 226-230.
[57] Abdel-Rahim, Said H.: Goethe und der Islam, Diss. Augsburg 1969, 153-66.

vom 30. Januar 1800, also dem Tag der Uraufführung selbst:

„Herr Professor Thouret wird hierdurch ersucht, auf den Talar des Mahomet am Pelzwerke her falsche goldne Spitzen setzen zu lassen von der Breite und Art wie ihm solches am besten deucht und dem Schneider deßhalb die nöthige Anweisung zu geben." [58]

Dieser Brief zeigt, daß Goethe sich bis zuletzt um alle Einzelheiten gekümmert hat, aber auch, daß selbst bei der Kleidung des Propheten auf Verfälschung nicht verzichtet wurde. Der Prophet Muhammad (s) hätte niemals und hat niemals einen Mantel mit Pelzwerk und schon gar nicht mit „goldnen Spitzen" getragen. Vielmehr hat er selbst gerade den Männern das Gold verboten und es allein für die Frauen vorgesehen.

Unmittelbar vor der Uraufführung ist aber einem Brief Goethes, vom 30. Januar 1800, doch etwas von den eher gemischten Gefühlen zu entnehmen, die Goethe bei dem Stück wohl hatte:

„Heute Abend wird Mahomet aufgeführt. Den Proben nach zu urtheilen wird es, im ganzen genommen, recht gut gehen und einzelnes ganz vorzüglich vorgetragen werden. Da das Stück so obligat und in sich selbst zusammen-gearbeitet ist, so entsteht eine Wirkung sui generis, der man nicht entrinnen kann, und ich sollte denken, es müßte für die Menge imposant und rührend seyn, wenn sie gleich übrigens die Regungen, welche die neusten Theaterstücke hervor-bringen, vermissen wird. Mir ist übrigens alles recht sowohl wie das Stück gefällt, als was übrigens daraus entsteht. Ich sehe es als einen Versuch an bey welchem Autor, Schauspieler und Publicum wenigstens manche gute Lehre gewinnen können." [59] Aber nur wenige Monate später, im Brief an A. W. Schlegel vom 2. April 1800, klingt das alles schon anders:

„Sie erhalten zugleich auch meine Übersetzung des Mahomets. Da sie einmal gemacht ist, wollen wir sie doch zum besten kehren und nutzen. Lassen Sie uns denselben zum Grunde legen wenn wir uns gelegentlich über unseren Jambus, und besonders über dessen dramatischen Gebrauch unterhalten." [60]

Hierin kommt zweierlei zum Ausdruck, nämlich, daß Goethe sich nun

---

[58] WA IV, 15, 21.
[59] WA IV, 15, 20.
[60] WA IV, 15, 50.

entschlossen hat, sich mit dem „Mahomet nach Voltaire" identifizieren zu lassen, und daß das Stück als Anschauungsmaterial für literarische und dramaturgische Gestaltungen herangezogen werden könne. Letzteres ist wohl der Schwerpunkt gewesen. Ähnlich äußerte sich Goethe nämlich auch noch zwei Jahre später in einem Brief an J.H. Voß vom 30. November 1802:

„Sie erhalten zugleich einige Arbeiten, die gewissermaßen nur durch unmittelbare theatralische Zwecke entschuldigt werden können. Ich würde sie Ihnen nicht vorlegen, wenn ich nicht wünschte Ihre Meynung über unseren zehen- oder eilfsilbigen Jambus näher zu vernehmen. " [61]

Auch im Trauerspiel „Tancred" [62] - auf das übrigens Katharina Mommsen gar nicht eingeht [63] - finden sich zahlreiche Passagen, in denen die Muslime z.B. als *„Feinde des Glaubens"* [64] und als *„Ungläubige"* [65] dargestellt werden und sogar die bis heute noch weit verbreitete Furcht, daß „die Araber" den anderen die Frauen wegnehmen, seinen Platz gefunden hat! [66]

Schiller verfasste anläßlich der „Mahomet"-Uraufführung ein Gedicht *„An Göthe als er den Mahomet von Voltaire auf die Bühne brachte".* [67] Darin geht es aber im Wesentlichen gar nicht um den Propheten des Islam, sondern um die Frage, wie Goethe ein französisches Vorbild für die deutsche Bühne bearbeitet hat. Schillers Reaktion ist positiv. Herder aber reagierte ganz anders. Schon nachdem er bei Leseproben anwesend war, so teilte seine Frau mit, habe er gesagt: *„Vortreffliche, vortreffliche Verse... aber der Inhalt - ist eine Versündigung gegen die Menschheit und gegen alles. "* [68] Unmittelbar nach der Aufführung des „Mahomet" schrieb sie am 31. Januar 1800: *„Gestern waren wir in „Mahomet". Nachdem man im Anfange an der Neuheit der Vorstellung - es war Anstand, Haltung in Bewegung und Sprache - ein Wohlgefallen hatte und der Zauber von*

---

[61] WA IV, 16, 147.
[62] WA I, 9, 361-452.
[63] Mommsen, Katharina: Goethe und die arabische Welt, Frankfurt 1988, 652, Werkregister.
[64] WA I, 9, 409.
[65] WA I, 9, 421.
[66] WA I, 9, 367, ähnlich auch 391.
[67] Schillers Werke, Nationalausgabe 2/1, Weimar 1983, 404-406.
[68] Karoline Herder an Knebel, 3.1.1800, in: Bode, W.: Goethe in vertraulichen Briefen seiner Zeitgenossen, Berlin 1979, 2, 157, Nr. 1059.

Goethes Sprache und Rhythmus das Ohr ergötzte, so wurde man durch den Inhalt von Szene zu Szene empört. Eine solche Versündigung gegen die Historie - er machte den Mahomet zum groben, platten Betrüger, Mörder und Wollüstling - und gegen die Menschheit habe ich Goethe nie zugetraut. Die platte, grobe Tyrannei, Macht, Betrug und Wollust wird gefeiert!... " [69] Der Antwort v. Knebels auf diesen Brief ist auch ein Hinweis auf Goethes Haltung zu entnehmen: „Daß Sie von Mahomet nicht sehr erbaut waren, kann ich mir fast denken. Goethe scheint es selbst nicht überall zu erwarten, und meint, er habe doch jedem sein Teil gehörig gesagt, woraus er sich was nehmen könne." [70]

Für die Entfremdung zwischen Herder und Goethe hat es noch manche andere Gründe gegeben, doch hat die Auseinandersetzung um den „Mahomet nach Voltaire" sicher auch ihren Teil dazu beigetragen. Jedenfalls hat Herder, von dem es ja heißt, daß er es gewesen sei, der Goethe überhaupt erst auf den Koran aufmerksam gemacht habe, Goethes „Verrat" am Propheten des Islam nicht gutgeheißen und nicht toleriert. In Herders Nachlaß fand man die folgenden Zeilen, die in Anlehnung an das Buch Daniel der Bibel, seinem Bild von Goethe Ausdruck verleihen: „An G.

Es erscheint mir wie jenem Propheten von Gold und Silber und von Leimen ein Bild; sieh! und es redet und herrscht;

Ist der Abgott der Zeit, ist Liebling der täuschenden Musen, fröhlicher Weisen Freund, Klugen ihr klügerer Rat.

Sehet! Des Forschenden Blick schaut in die Tiefen der Erde, sinnt sich in Pflanzen und Tier Meister und Gott der Natur.

Will mit goldenen Flügeln den Weltgeist mächtig erfliegen, ach und der leimerne Teil führet's zum Ursprung zurück." [71]

Die anfänglich noch gemischten Gefühle Goethes beim „Mahomet nach Voltaire" weichen aber völlig, als es schließlich um die Vermarktung geht. Am 30. März 1802 schreibt nämlich Goethe an seinen Verleger Cotta:

„Es ist Ihnen vielleicht, werthester Herr Cotta, bekannt geworden, daß ich die

---

[69] Karoline Herder an Knebel, ebd., 158, Nr. 1062.
[70] K. L. v. Knebel an Karoline Herder, in: Biedermann, F. v.: Goethes Gespräche, Leipzig 1909-11,1, 280 Nr. 583.
[71] Herders Sämtliche Werke, Berlin 1889, 29, 712.

beiden Trauerspiele Mahomet und Tancred, nach Voltaire, in Jamben, bearbeitet habe. Da diese Stücke gegenwärtig wieder auf unserem Theater vorgenommen werden, und, durch Proben, mir der Eindruck derselben lebhafter wird, so daß ich genöthigt werde die letzte Hand daran zu legen; fühle ich mich nicht abgeneigt sie zum Druck zu bringen, um so mehr als ich, von mehreren Seiten her, um Communication ersucht werde, und biete sie Ihnen deßhalb an. Ich würde rathen sie auf die Weise wie Wallenstein drucken zu lassen, da sie dann zusammen einen Band ausmachen und, wenn nicht dem inneren Werth, doch wenigstens dem Format nach, neben jenen Schillerischen Meisterstücken stehen könnten. Wären Sie dazu geneigt, so könnte der Druck gleich angefangen werden, indem die Manuscripte in Ordnung sind. Beyde Stücke würde ich für 500 rh Sächsisch auf Jubilate zahlbar überlassen."[72]

Auch auf diesen Aspekt der „Mahomet"-Tragödie ist übrigens Katharina Mommsen nicht eingegangen. Goethe kümmerte sich sogar später noch persönlich darum, daß die beiden Stücke „Mahomet" und „Tancred" rezensiert wurden,[73] vor allem aber, daß sie ihren festen Platz in seinen gesammelten Werken bekamen, so im Brief an Cotta vom 1.5.1805 und in zwei weiteren Briefen vom 12.11.1812 und vom 20.2.1815.[74] Selbst im Jahre 1818, also bereits auf dem Höhepunkt der „Divan"-Phase, hielt Goethe daran fest, die „Mahomet"-Tragödie zu seinen „hervorragendsten" Dramen zu rechnen.[75]

BEGEGNUNG MIT NAPOLEON

Im Jahre 1806 wurde Weimar im Zuge der napoleonischen Kriege geplündert, Goethe war davon aber persönlich nicht betroffen. Kurz darauf ließ er sich kirchlich mit Christiane Vulpius trauen, mit der er schon seit 18 Jahren zusammenlebte und fünf Kinder hatte, von denen aber nur der Sohn August bis ins Erwachsenenalter am Leben geblieben ist. Von Goethes zahlreichen Beziehungen zu anderen Frauen und deren Einwirken auf sein künstlerisches Schaffen während aller Abschnitte seines Lebens soll hier nicht im Einzelnen die

---

[72] WA IV, 16, 60-1.
[73] WA IV, 17, 120; 157; 203.
[74] WA IV, 19,14; 23, 133; 25, 200.
[75] Biedermann, F. v.: Goethes Gespräche, Leipzig 1909-11, 2, 426-7.

Rede sein. Geheiratet hat er jedenfalls nur dieses einzige Mal.

Am 2. Oktober 1808 begegnet dann Goethe, als er den Herzog Carl August zum Erfurter Kongreß begleitet, Napoleon persönlich. Dabei wurde auch über Voltaire's „Mahomet" gesprochen und Napoleon zur Kenntnis gebracht, daß Goethe dessen deutsche Bearbeitung besorgt habe. Darauf antwortete Napoleon: „Mahomet ist ein schlechtes Stück!" [76]

HINWENDUNG ZUM ORIENT

Im Herbst 1809 begann der nun 60 jährige Goethe damit, unter dem Titel „Dichtung und Wahrheit" seine Autobiographie zu verfassen. Diese Arbeit führte in den folgenden Jahren wohl auch dazu, daß er sich wieder an Themen erinnerte, die ihn in seiner Jugend beschäftigt hatten. Von der Schilderung seines Planes, ein „Mahomet-Drama" zu verfassen, war ja schon die Rede. Der Teil von „Dichtung und Wahrheit", in dem davon berichtet wird, erschien erstmals im Jahre 1813. Im selben Jahr interessierte sich Goethe auch für China - vielleicht ein erstes Anzeichen für seine kommende „Orient-Phase", die ganz unverkennbar einsetzte, als ihm die deutsche Übersetzung der Gedichtsammlung, des „Divan", des persischen Dichters Hafiz begegnete, die der österreichische Orientalist Josef v. Hammer veröffentlicht hatte. Goethe bekam sie am 7. Juni 1814 in die Hände und war davon so sehr beeindruckt, daß er sich in den folgenden fünf Jahren intensiv mit orientalischer Literatur befasste, sich zu zahlreichen Gedichten mit orientalischem Hintergrund anregen ließ und diese schließlich im Jahre 1818 als seinen „West-östlichen Divan" veröffentlichte.

Vielleicht hat ja auch der Mißgriff mit dem „Mahomet nach Voltaire" dazu beigetragen, daß Goethe gewissermaßen als Versuch der Wiedergutmachung, sich jetzt ganz besonders intensiv mit dem Orient beschäftigte. Schon im Jahr 1813 bat er den Jenaer Professor Lorsbach um Hilfe bei der Bestimmung eines Koranfragments. Er schrieb am 20. 10. 1813 an dessen Kollegen Eichstädt:

„Ferner liegt in einer Pappe ein Blättchen aus einem arabischen Codex bei, welches mir unsere Krieger aus Spanien mitgebracht haben; Herr Dr. Lorsbach, dem ich mich ergebenst empfehle, hat ja wohl die Gefälligkeit, mir dieses Räthsel

---

[76] Mommsen, Katharina: Goethe und die arabische Welt, Frankfurt 1988, 216.

zu entziffern. " [77] Lorsbach antwortet darauf schon am 22.10.1813 an Eichstädt:
*„Die arab. Worte in dem hiermit zurückkehrenden Fragment sind der Anfang
von dem 114ten oder letzten Capitel des Korans und lauten deutsch also: ‚Im
Namen Gottes des barmherzigen Erbarmers! Sprich: Ich fliehe zum Herrn der
Menschen, dem Könige der Menschen, dem Gott der Menschen - vor dem Übel,
der Einflüsterung des Flüchtlings (d.i. des Teufels).‘ Die kleine Schrift, die
darunter stehet, enthält dasselbe in persischer Sprache. "* [78]

DER WEST-ÖSTLICHE DIVAN

Dieses Spätwerk Goethes weist eine große Fülle von Bezügen zum Islam auf,
die im Anschluß, so weit erkennbar, mitgeteilt werden sollen. Um den Überblick
aus muslimischer Sicht zu vereinfachen, gliedere ich dabei das Material wie folgt:
1. Koranische Spurenelemente, 2. Hadith-Spurenelemente, 3. Sira-Spuren-
elemente, 4. Sonstige islamische Spurenelemente. Zum besseren Verständnis
gehen diesem Überblick aber zunächst noch einige Informationen zur
Entstehungsgeschichte und dem Inhalt des West-östlichen Divan voraus.

In seinen „Tag- und Jahresheften" teilte Goethe über das Jahr 1815 folgendes
mit: *„Schon im vorigen Jahre waren mir die sämmtlichen Gedichte H a f i s in
der v o n H a m m e r ' s c h e n Übersetzung zugekommen, und wenn ich früher
den hier und da in Zeitschriften übersetzt mitgetheilten einzelnen Stücken dieses
herrlichen Poeten nichts abgewinnen konnte, so wirkten sie doch jetzt zusammen
desto lebhafter auf mich ein, und ich mußte mich dagegen productiv verhalten,
weil ich sonst vor der mächtigen Erscheinung nicht hätte bestehen können. Die
Einwirkung war zu lebhaft, die deutsche Übersetzung lag vor, und ich mußte also
hier Veranlassung finden zu eigener Theilnahme. Alles was dem Stoff und dem
Sinne nach bei mir Ähnliches verwahrt und gehegt worden, that sich hervor, und
dieß mit umso mehr Heftigkeit, als ich höchst nöthig fühlte mich aus der
wirklichen Welt, die sich selbst offenbar und im Stillen bedrohte, in eine ideelle
zu flüchten, an welcher vergnüglichen Theil zu nehmen meiner Lust, Fähigkeit
und Willen überlassen war.*

Nicht ganz fremd mit den Eigenthümlichkeiten des Ostens wandt' ich mich zur

---

[77] WA IV, 24,18.
[78] WA I, 7, 294.

Sprache, in so fern es unerläßlich war jene Luft zu athmen, sogar zur Schrift mit ihren Eigenheiten und Verzierungen. Ich rief die Moallakats hervor, deren ich einige gleich nach ihrer Erscheinung übersetzt hatte. Den Beduinen-Zustand bracht' ich mir vor die Einbildungskraft; Mahomets Leben v o n O e l s n e r, mit dem ich mich schon längst befreundet hatte, förderte mich aufs neue. Das Verhältnis zu v o n D i e z befestigte sich; das Buch K a b u s eröffnete mir den Schauplatz jener Sitten in einer höchst bedeutenden Zeit der unsrigen gleich, wo ein Fürst gar wohl Ursache hatte seinen Sohn in einem weitläufigen Werke zu belehren, wie er allenfalls bei traurigstem Schicksale sich doch noch in einem Geschäft und Gewerbe durch die Welt bringen könne. M e d s c h n u n u n d Le i l a, als Muster einen gränzenlosen Liebe, ward wieder dem Gefühl und der Einbildungskraft zugeeignet; die reine Religion der Parsen aus dem späteren Verfall hervorgehoben und zu ihrer schönen Einfalt zurückgeführt; die längst studirten Reisenden, Pietro della Valle, Tavernier, Chardin absichtlich durchgelesen, und so häufte sich der Stoff, bereicherte sich der Gehalt, daß ich nur ohne Bedenken zulangen konnte, um das augenblicklich Bedurfte sogleich zu ergreifen und anzuwenden. D i e z war die Gefälligkeit selbst, meine wunderlichen Fragen zu beantworten; L o r s b a c h höchst theilnehmend und hülfreich; auch blieb ich durch ihn nicht ohne Berührung mit S y l v e s t r e d e S a c y; und obgleich diese Männer kaum ahnen noch weniger begreifen konnten was ich eigentlich wolle, so trug doch ein jeder dazu bei mich auf's eiligste in einem Felde aufzuklären, in dem ich mich manchmal geübt, aber niemals ernstlich umgesehen hatte. Und wie mir die von Hammer'sche Übersetzung täglich zur Hand war, und mir zum Buch der Bücher wurde, so verfehlte ich nicht aus seinen Fundgruben mir manches Kleinod zuzueignen.

Indessen schien der politische Himmel sich nach und nach aufzuklären, der Wunsch in die freie Welt, besonders aber in's freie Geburtsland, zu dem ich wieder Lust und Antheil fassen konnte, drängte mich zu einer Reise. Heitere Luft und rasche Bewegung gaben sogleich mehreren Productionen im neuen östlichen Sinne Raum. Ein heilsamer Badeaufenthalt, ländliche Wohnung in bekannter von Jugend auf betretener Gegend, Theilnahme geistreicher liebender Freunde gedieh zur Belebung und Steigerung eines glücklichen Zustandes, der sich einem jeden Reinfühlenden aus dem Divan darbieten muß.

Gegen Ende dieser Wallfahrt fand ich meine Sammlung so bereichert, daß ich sie schon nach gewisser Verwandschaft sondern, in Bücher eintheilen, die Verhältnisse der verschiedenen Zweige ermessen, und das Ganze, wo nicht der Vollendung, doch dem Abschluß näher bringen konnte. Und so hatt' ich in dieser Zerstreuung mehr gewonnen und gefunden, als mir eine gleiche Zeit in den ruhevollsten Tagen hätte gewähren können. " [79]

Hier macht Goethe, der sich also intensiv mit orientalistischer Fachliteratur seiner Zeit beschäftigte, deutlich, daß die eigentliche Anregung zum West-östlichen Divan nicht ein direkter Bezug zum Islam, sondern die Gedichte des persischen Dichters Hafiz gewesen sind. Man sollte auch darauf achten, daß Goethe hier eine Reihe von Quellen nennt, die er sich teils erstmalig, teils erneut wieder vornahm, wie z.B. die vorislamische arabische Dichtung in Form der sog. „mu'allaqat", denen er schon 1783 begegnet war, als er eine Teilübersetzung nach dem Vorbild des Engländers Jones in Angriff genommen hatte.[80]

Unter diesen Quellen wird aber der K o r a n nicht erwähnt. Als direkt auf den Islam bezogene Quelle kann nur Oelsner's Leben Mohammeds gewertet werden. Dazu kommen noch die Auszüge aus Koran und Sunna, wie sie von J. v. Hammer in den genannten „Fundgruben (des Orients)" abgedruckt waren. Goethe stellt hier in seiner Beschreibung die direkt islam-bezogenen Quellen also eher in den Hintergrund.

Bemerkenswert ist aber der Hinweis, daß er sich „zur Sprache" wandte. Damit ist vor allem die Beschäftigung mit dem Arabischen gemeint, dann wohl auch dem Persischen.

GOETHE UND DIE ARABISCHE SPRACHE

Wenn es auch zweifelsfrei feststeht, daß Goethe den Koran und andere Literatur zum Islam aus Übersetzungen kannte, so hat er sich doch auch - zeitweilig sogar intensiv - mit der arabischen Sprache befaßt. Dem Jenaer Orientalisten J. G. Stickel berichtete er noch in seinem letzten Lebensjahr, „daß er sich in seiner Jugend auch mit dem Hebräischen und ein wenig mit Arabisch beschäftigt habe." [81]

---

[79] WA I, 36, 91-93.
[80] Brief an C. v. Knebel, 14. 11. 1783, in: WA IV, 6, 213.
[81] Biedermann, F. v.: Goethes Gespräche, Leipzig 1909-11, IV, 352, Nr. 2941.

Während Goethe auch in „Dichtung und Wahrheit" recht ausführlich die Anfänge des Hebräisch-Unterrichts - noch in Frankfurt - schildert, hat er dort aber nicht auf das Arabische verwiesen. Vermutlich ist indes hier überhaupt nicht die Frankfurter Zeit gemeint, sondern die spätere vielleicht in Straßburg begonnene Beschäftigung mit der arabischen Literatur, auch mit dem Koran, aus dessen Übersetzung sich Goethe ja wie schon gesagt bereits im Jahre 1771/72 Exzerpte angefertigt hatte.

Wohl intensiver als je zuvor befaßte sich Goethe dann im Jahre 1815 mit der arabischen Schrift und Sprache, als er am West-östlichen Divan zu arbeiten begann. Aus, diesem Jahr stammen jedenfalls die meisten Hinweise dazu. In einem Briefkonzept (an C.H. Schlosser) vom 23.1. 1815 heißt es:

„Wenig fehlt noch, daß ich noch arabisch lerne, wenigstens soviel will ich mich in den Schreibezügen üben, daß ich Amulette, Talismane, Abraxas und Siegel in der Urschrift nachbilden kann. In keiner Sprache ist vielleicht Geist, Wort und Schrift so uranfänglich zusammengekörpert. " [82]

In seinen „Tag- und Jahresheften" verzeichnet Goethe außerdem wie schon angeführt für das Jahr 1815:

„Nicht ganz fremd mit den Eigenthümlichkeiten des Ostens wandt ich mich zur Sprache, in so fern es unerläßlich war jene Luft zu atmen, sogar zur Schrift mit ihren Eigenheiten und Verzierungen. " [83]

Von Goethes eigenhändigen Schreibversuchen mit arabischen Buchstaben sind wenigstens zehn Blätter erhalten,[84] darunter sogar die „Basmallah" und eine allerdings etwas fehlerhafte Abschrift der Sure 114 sowie der Entwurf zu einer Titelseite des West-östlichen Divan mit orientalischem Vorbild nachempfundenen „Verzierungen". [85] In Goethes „Tagebüchern" ist verzeichnet: *„3.2.1815... arabische Schrift... 21.9.1815... Arabisch geschrieben... 22.9.1815... Arabica... 26.9.1815... Arabische Grammatik... 22.11.1815... Arabische Grammatik... 23.11.1815... Arabische Grammatik... 10.3.1816... Lorsbach Arabische Grammatik zurück. "* [86]

---

[82] WA IV, 25,165.
[83] WA I, 36, 91.
[84] WA I, 7, 300-1.
[85] Abbildungen in Grumach, Ernst: Goethe. West-östlicher Divan 3. Paralipomena, Berlin 1952.
[86] WA III, 5,149; WA III, 5,183; WA III, 5,193; WA III, 5, 213.

Den Herbst 1815 verbrachte er in Heidelberg. W. Grimm berichtet hierüber, er *„wohnt bei Boisserees und schreibt über die Gemälde, außerdem gibt er sich mit persischen Sachen ab, hat ein Päckchen Gedichte in Hafiz Geschmack gemacht, liest und erklärt die chinesische Erzählung Haoh Kiöh Tschwen und lernt bei Paulus Arabisch.“* [87]

In den „Tag- und Jahresheften“ vermerkt Goethe auch, daß er u.a. im Jahre *1818 „Freytags Arabische Gedichte, Michaelis Arabische Grammatik“* herangezogen habe, um sich weiter mit der Materie für den West-östlichen Divan vertraut zu machen. [88] Bemerkenswert ist aber auch, daß Goethe in seiner eigenen doch umfangreichen Bibliothek selbst keine arabische Grammatik und auch kein arabisches Wörterbuch besaß. [89] Die entsprechenden Werke entlieh er stattdessen aus der Weimarer Bibliothek, so im besagten Zeitraum *„Meninski: Lexicon Turcico-Arabico-Persicum“* vom 13.12.1817 bis 28.2.1818, *„Jahn, Johann: Arabische Sprachlehre“* vom 14.3.1815, zurück ohne Datum sowie *„Golius: Lexicon arabico Latinum“* vom 3.11 bis 6.11.1818 und nochmals vom 12.2. bis 4.6.1819. [90]

Zu E. v. Müller sagte Goethe schließlich in einem Gespräch am 24.9.1823:

„Bei den ungeheuren Schwierigkeiten des Erlernens dieser arabischen Sprache habe er seine Kenntnisse von ihr mehr erobert durch Überfall, als regelmäßig erworben.“ [91]

Über das Arabische hinaus befaßte sich Goethe aber auch mit allen möglichen anderen Orientalia. So war er maßgeblich am Ankauf einer Sammlung arabischer und anderer Handschriften für die Weimarer Bibliothek beteiligt, unter denen sich auch Koranexemplare befanden:

„Die Korane, prosaische und poetische Werke, in arabischer, persischer und türkischer Sprache, werde (ich?) nach und nach unserem Jenaschen Weissager (Lorsbach?) zusenden und einen Catalog zu ordnen suchen“ heißt es mit Bezug

---

[87] Biedermann, F. v.: Goethes Gespräche, Leipzig 1909-11, II, 354.
[88] WA I, 36, 136.
[89] Ruppert, Hans: Goethes Bibliotheks-Katalog, Weimar 1958, 105 f.
[90] Keudell, Elise von und Deetjen, Werner: Goethe als Benutzer der Weimarer Bibliothek. Ein Verzeichnis der von ihm entliehenen Werke, Weimar 1931, Nr. 1122; Nr. 987; Nr. 1179.
[91] Biedermann, F. v.: Goethes Gespräche, Leipzig 1910, III, 13, Nr. 2153.

darauf in einem Brief Goethes an C. G. v. Voigt vom 17.2.1815. [92]

Goethe selbst wurde einmal, wie schon gesagt, eine Koranhandschrift zum Geschenk gemacht, was ihm eine briefliche Erwähnung wert gewesen ist:

„So eben verehrt mir Major von Beulwitz die Trümmer eines köstlich geschriebenen Korans, der sich wahrscheinlich seit Vertreibung der Mauren noch in Spanien verhalten hat, in dem letzten Kriege aber blätterweis in alle Welt zerstreut worden." [93]

Selbst orientalische Siegel gingen durch Goethes Hände. In einem Brief an Carl Friedrich v. Both, datiert 3.11.1820, ist die Rede von einem Abdruck, auf dem der Professor Kosegarten den Namen *„Mohammed"* entziffert hat,[94] und mit N. Meyer korrespondiert Goethe am 30.6.1826, wobei er mitteilt: *„ein orientalischer Siegelring mit Spruch aus dem Koran, blumig verziert."* [95]

BEIM MUSLIMISCHEN GEBET

All diesem war im Jahre 1813 eine merkwürdige Begebenheit vorausgegangen. Goethe, der niemals die islamische Welt besucht hat, traf zum ersten - und wohl einzigen Mal - in seinem Leben persönlich mit Muslimen zusammen. Er berichtet davon in einem Brief vom 5.1.1814:

„Da ich von Weissagungen rede, so muß ich bemerken, daß zu unserer Zeit Dinge geschehen, welche man keinem Propheten auszusprechen erlaubt hätte. Wer durfte wohl vor einigen Jahren verkünden, daß in dem Hörsaale unseres protestantischen Gymnasiums mahometanischer Gottesdienst werde gehalten und die Suren des Korans würden hergemurmelt werden, und doch ist es geschehen, wir haben der baschkirischen Andacht beigewohnt, ihren Mulla geschaut, und ihren Prinzen im Theater bewillkommt.

Aus besonderer Gunst hat man mir Bogen und Pfeile verehrt, die ich, zu ewigem Andenken, über meinem Kamin, aufhängen werde, sobald Gott diesen lieben Gä-

---

[92] WA IV, 25,194; vgl. auch die Briefe an den Herzog Karl August vom 22.9.1824, WA IV, 38, 254 und das Konzept vom 23.9.1824, WA IV, 38, 256.

[93] An Grfn. Constanze v. Fritsch, 2.3.1816, WA IV, 26, 282.

[94] WA IV, 34,7.

[95] WA IV, 41, 78.

sten eine glückliche Rückkehr bestimmt hat. " [96]

Goethes Eindruck von dieser Begegnung ist also offensichtlich gänzlich positiv. In den Muslimen sah er *„liebe Gäste"*. Nicht nur hat er die Verrichtung eines muslimischen Gebets miterlebt, sondern auch eine direkte persönliche Begegnung mit diesen Muslimen gehabt, deren Gastgeschenk - Bogen und Pfeil - er *„zu ewigem Andenken"* in seiner Wohnung einen Ehrenplatz geben will. Zu all dem muß man wissen, daß sich unter den russischen Truppen, die Napoleon aus Rußland zurückgedrängt und vom 16. bis 19. Oktober 1813 die „Völkerschlacht von Leipzig" mitgeschlagen hatten, auch muslimische - baschkirische - Soldaten befanden, die unterwegs in Weimar Quartier bezogen.

1814 ist also das Jahr, in dem Goethes erneute Hinwendung zum Orient deutlich wird. Er selbst ist damals schon im fortgeschrittenen Alter von 65 Jahren. Aber nicht nur bei ihm, sondern auch bei manchen anderen teilnehmenden Beobachtern des muslimischen Gebets erweckte dies ein gewisses Interesse*: „Mehrere unserer religiösen Damen"*, schrieb Goethe am 17. Januar 1814 an seinen Sohn August, *„haben sich die Übersetzung des Corans von der Bibliothek erbeten."* [97]

GEISTIG IM OSTEN

Ein Jahr später, am 11. Januar 1815, schrieb Goethe an C. v. Knebel die Worte: *„So habe ich mich die Zeit her meist im Orient aufgehalten, wo denn freilich eine reiche Ernte zu finden ist... Indessen ist es doch auch angenehm, in einem so breiten Element zu schwimmen und seine Kräfte darin zu üben. Ich tue dies nach meiner Weise, indem ich immer etwas nachbilde und mir so Sinn und Form jener Dichtarten aneigne."* [98] Und wenige Tage später macht er auch, am 23.1. 1815, C. H. Schlosser eine ganz ähnliche Mitteilung: *„Was mich aber jetzo beinahe ausschließlich beschäftigt, gesteh ich Ihnen am liebsten, da ich dabei mit Freuden Ihrer gedenken kann. Ich habe mich nämlich, mit aller Gewalt und allem Vermögen, nach dem Orient geworfen, dem Lande des Glaubens, der Offenbarungen, Weissagungen und Verheißungen. Bei unserer Lebens- und Studien-Weise, vernimmt man soviel von allen Seiten her, begnügt sich mit enzy-*

---

[96] WA IV, 24, 91.
[97] WA IV, 24, 110.
[98] WA IV, 25, 143-44.

klopädischem Wissen und den allgemeinsten Begriffen; dringt man aber selbst in ein solches Land, um die Eigenthümlichkeiten seines Zustandes zu fassen, so gewinnt alles ein lebendigeres Ansehen.

Ich habe mich gleich in Gesellschaft der persischen Dichter begeben, ihren Scherz und Ernst nachgebildet. Schiras, als den poetischen Mittelpunkt, habe ich mir zum Aufenthalte gewählt, von da ich meine Streifzüge, (nach Art jener unzähligen kleinen Dynasten, nur unschuldiger wie sie) nach allen Seiten ausdehne.

China und Japan hatte ich vor einem Jahre fleißig durchreist, und mich mit dem Riesenstaat ziemlich bekannt gemacht. Nun will ich mich innerhalb der Grenzlinie der Eroberungen Timurs halten, weil ich dadurch an einem abermaligen Besuch im jugendlieben Palästina nicht gehindert werde.

Wenig fehlt, daß ich noch arabisch lerne, wenigstens soviel will ich mich in den Schreibezügen üben, daß ich Amulette, Talismane, Abraxas und Siegel in der Urschrift nachbilden kann.

In keiner Sprache ist vielleicht Geist, Wort und Schrift so uranfänglich zusammengekörpert." [99]

Am 17.5.1815 erwähnt Goethe in einem Brief an Zelter ebenfalls den West-Östlichen Divan, die Frucht seiner geistigen Reise in den Orient: Er *„ist so innig orientalisch, bezieht sich auf Sitten, Gebräuche, Religion..."* [100]

Vom Mai dieses Jahres bis Oktober macht Goethe dann eine ausgedehnte wirkliche Reise, und zwar an den Rhein. Unterwegs dichtet er weiter Orientalisches für den Divan. Ein erstes Verzeichnis der Gedichte für diese Sammlung, stellt er ebenfalls in dieser Zeit - in Wiesbaden - zusammen, das sog. „Wiesbadener Register", das bereits viele der später endgültigen Titel enthält.

PHYSISCH IM WESTEN

Dann aber kommt eine entscheidende Wende. Im August und September hält sich Goethe bei dem Ehepaar v. Willemer auf. Die verheiratete Marianne v. Willemer dichtet er als „Suleika" an und bezeichnet sich als den „Hatem". Die Frau erwidert seine offenkundige leidenschaftliche Zuneigung und antwortet ihm ihrerseits mit

---

[99] WA IV, 25, 164-65.
[100] WA IV, 25, 333.

Gedichten, von denen einige sogar Eingang in den West-Östlichen Divan fanden. Speziell im „Buch Suleika" ist also gar nicht alles von Goethe selbst verfaßt. Im Bericht des Heidelberger Freundes Boisseree über ein Gespräch mit Goethe am 3.8.1815 in Wiesbaden ist von dieser neuen Wendung, nämlich der ausgesprochen personenbezogenen Liebeslyrik, noch nichts zu bemerken:

„Seine neueste Arbeit ist der Divan. Aneignung des Orientalismus... Er las mir eine sinnreiche Introduktion, eine Exposition des ganzen Orientalismus und seines eigenen Verhaltens dazu vor. Dies letzte zuerst anfangend, von dem Gegensatz der Zeit, und Trost suchend im Orient. Talismane, Amulette, Abraxas, Siegelring der Araber. Hafiz, der Korankundige, wurde zum Eigennamen des Dichters; Goethes Gedicht an ihn vergleicht sich mit ihm, weil er sich die Bibel aneignet, wie das göttliche Angesicht sich auf das Tuch abgedrückt hat.

Gedicht an Diez, Orientalist in Berlin, Herausgeber des Buchs Kabus und einer Schrift über die Tulpen, von ihm mit Gold beschrieben.

An alle Orientalisten sollen solche Lobgedichte folgen.

Ich erzählte ihm von Palästina, vom Grab der Maria, von der Verehrung der Mohammedaner dafür. Hadrian ließ die Statuen von Adonis und Venus auf die Geburtsstätte Jesu stellen. Goethe bemerkte, bei den Mohammedanern sei Maria die heilige Frau im höhern Paradies; dort auch vier Tiere..." [101]

Unverkennbar ist hier zunächst eine eskapistische Grundtendenz von Goethes Beschäftigung mit dem Orient, die ja auch bei manchen gegenwärtigen Zeitgenossen nicht zu bestreiten ist, und die sich - bei ihnen wie schon bei Goethe auch - u.a. an der Faszination durch fremdartige Gegenstände verdeutlicht, wie eben Talismane, Amulette, Abraxas, Siegel usw., die Goethe in dem Gedicht „Segenspfänder" im Buch des Sängers des West-östlichen Divans behandelt. Ihnen gemeinsam ist, daß sie arabische Schriftzeichen aufweisen, die nachzu-zeichnen man sich, wie ja Goethe auch, bemüht. So wird vielleicht ein Stück jener anderen Welt greifbar und verfügbar. Diese Gegenstände lassen sich anfassen, in die Hand nehmen und durch das Nachzeichnen sogar in gewisser Weise annehmen und vereinnahmen, ohne daß man sich aber dazu selbst überhaupt aus den eigenen vier Wänden und dem heimischen Dasein und etwa

---

[101] Biedermann, F. v.: Goethes Gespräche, Leipzig 1909-11, II, 312.

in die wirkliche Fremde begeben muß.

Auch auf mehrere andere Divan-Gedichte gibt es hier direkte Hinweise: Das Gedicht „Beiname" im Buch Hafis, in dem Goethe sich mit Hafis vergleicht, sowie die Gedichte „Auserwählte Frauen" und „Begünstigte Tiere" im Buch des Paradieses. Das „Gedicht an Diez" und die „Schrift über die Tulpen" finden sich im Abschnitt „Von Diez" in den „Noten und Abhandlungen" zum West-östlichen Divan. Den Plan weiterer Preisgedichte über andere Orientalisten hat Goethe dann doch nicht verwirklicht. Die „Liebesangelegenheiten" spricht Goethe aber selbst in einem Brief des folgenden Jahres, datiert 11.3.1816, an:

„Der Divan ist angewachsen und stark. Die Dichtart, die ich ohne weitere Reflexion ergriffen und geübt habe, hat das Eigene, daß sie fast, wie das Sonett dem Gesang widerstrebt; auch ist es merkwürdig genug, daß die Orientalen ihre Lieder durch Schreiben, nicht durch Singen, verherrlichen. Indessen ist es eine Dichtart, die meinem Alter zusagt, meiner Denkweise, Erfahrung und Umsicht, wobei sie erlaubt, in Liebesangelegenheiten so albern zu sein, als nur immer die Jugend." [102]

Wenn man dies alles weiter noch in Bezug setzt zu Goethes Brief an seinen Verleger Cotta, datiert 16.5.1815, wird deutlich, wie sehr der Einfluß der Beziehung zu Frau v. Willemer das ursprüngliche Konzept des West-östlichen Divan verändert hat. Auch in diesem Brief, der eine erste Charakterisierung der Gedichtsammlung und der damit verknüpften Intentionen darstellt, geht es noch nirgends um „Liebesangelegenheiten", sondern darum, *„Westen und Osten, das Vergangene und Gegenwärtige, das Persische und das Deutsche zu verknüpfen und beiderseitige Sitten und Denkarten übereinander greifen zu lassen."* [103] Als Titel stellte sich Goethe damals noch vor: *„Versammlung deutscher Gedichte, mit stetem Bezug auf den Divan des persischen Sängers Mahomed Schemseddin Hafis."*... *„Außer dem genannten Hafis ist auf die orientalische Poesie und Literatur überhaupt Rücksicht genommen, von den Moallakat und dem Koran bis auf Djami, ja die türkischen Dichter sind nicht außer Acht gelassen. Ferner bin ich bedacht, den vorzüglichsten Männern, welchen diese Literatur in Europa so vieles zu verdanken hat, jedem ein poetisches Monument in seiner*

---

[102] WA IV, 26, 288-9.
[103] WA IV, 25, 414.

Art zu erreichen, den verstorbenen sowohl als lebenden, wobei die Reisenden nicht vergessen sind, und woraus große Mannigfaltigkeit entsteht." [104]

DIE ROLLE DES KORANS

Dies ist übrigens eine von nur zwei bekannten Stellen, wo Goethe sich direkt auf den Koran als Quelle für den West-östlichen Divan bezieht, von denen zudem keine zu Lebzeiten Goethes die Öffentlichkeit erreichte. Die andere Stelle gehört zu einer „später verworfenen Widmung des Divan",[105] auf der unter der Überschrift „Verehrung sei!" acht orientalische Literaturstücke genannt werden, womit Goethe wohl seine Hauptquellen anführen wollte. An fünfter und sechster Stelle, in der Mitte des Blattes, sind dort aufgezählt: „in tieferer Ferne" die altarabischen muʻallaqat und *„dann dem staunenswürdigen Koran des Paradieses."* Hieraus hat schon Wolfgang Lentz den Schluß gezogen, daß der arabische Bereich im West-östlichen Divan gegenüber dem persischen eben *„in tieferer Ferne"* erscheint.[106] Das würde nun auch bedeuten, daß der Koran jedenfalls nicht im Vordergrund stehen sollte. Dieses Gesamtbild wird ebenfalls bei der Lektüre des West-östlichen Divans und den dazugehörigen „Noten und Abhandlungen" deutlich. Weniger differenzierend schrieb dagegen Katharina Mommsen, daß Goethe „den ‚staunenswürdigen Koran' neben andere Werke arabischer Dichtung" gestellt habe.[107]

In der von Goethe im folgenden Jahre, d.h. 1816, selbst entworfenen Ankündigung für die jetzt „West-östlicher Divan" genannte Sammlung ist der Koran nirgends mehr erwähnt, aber u.a. das „Buch der Liebe" kurz charakterisiert und dem „Buch Suleika" der meiste Platz eingeräumt, wobei der konkrete Hintergrund dieses Buches nicht einmal verborgen wird. Da dieser Text Aufschluß über Goethes eigene mit dem West-östlichen Divan zum Zeitpunkt der Veröffentlichung verbundenen Absichten Aufschluß gibt, sei er hier vollständig mitgeteilt.

---

[104] WA IV, 25, 415.

[105] WA I, 6, 482.

[106] Lentz, Wolfgang: Goethes Noten und Abhandlungen zum West-östlichen Divan, Hamburg o.J., 18.

[107] Mommsen, Katharina: Die Bedeutung des Korans für Goethe, in: Reiss, Hans: Goethe und die Tradition, Frankfurt 1972, 139.

Er enthält übrigens auch den berühmten Satz, nach dem Goethe *„den Verdacht"* nicht ablehnt, *„daß er selbst ein Muselmann sei"*:

„West-östlicher Divan
oder
Versammlung deutscher Gedichte
in stetem Bezug auf den Orient.

Das erste Gedicht, H e g i r e überschrieben, gibt uns von Sinn und Absicht des Ganzen sogleich genugsame Kenntnis. Es beginnt:
Nord und West und Süd zersplittern,
Throne bersten, Reiche zittern,
Flüchte du, im reinen Osten
Patriarchenluft zu kosten.
Unter Lieben, Trinken, Singen
Soll dich Chisers Quell verjüngen.
Der Dichter betrachtet sich als einen Reisenden. Schon ist er im Orient angelangt. Er freut sich an Sitten, Gebräuchen, an Gegenständen, religiösen Gesinnungen und Meinungen, ja er lehnt den Verdacht nicht ab, daß er selbst ein Muselmann sei. In solchen allgemeinen Verhältnissen ist sein eigenes Poetisches verwebt, und Gedichte dieser Art bilden das erste Buch unter der Rubrik M o - g a n n i   N a m e h ,   B u c h   d e s   D i c h t e r s . Hierauf folgt H a f i s   N a - m e h ,   d a s   B u c h   H a f i s , der Charakterisierung, Schätzung, Verehrung dieses außerordentlichen Mannes gewidmet. Auch wird das Verhältnis ausgesprochen, in welchem sich der Deutsche zu dem Perser fühlt, zu welchem er sich leidenschaftlich hingezogen äußert und ihn der Nacheiferung unerreichbar darstellt.
Das B u c h   d e r   L i e b e , heiße Leidenschaft zu einem verborgenen unbekannten Gegenstand ausdrückend. Manche dieser Gedichte verleugnen die Sinnlichkeit nicht, manche aber können nach orientalischer Weise auch geistig gedeutet werden. Das B u c h   d e r   F r e u n d e enthält heitere Worte der Liebe und Neigung, welche bei verschiedenen Gelegenheiten geliebten und verehrten Personen, meist nach persischer Art mit goldbeblümten Rändern, überreicht

worden, worauf die Gedichte selbst anspielen. Das B u c h d e r B e t r a c h -
t u n g ist praktischer Moral und Lebensklugheit gewidmet, orientalischer Sitte
und Wendung gemäß. Das B u c h d e s U n m u t s enthält Gedichte, deren Art
und Ton dem Osten nicht fremd ist. Denn gerade ihre Dichter, welche Gönnern
und Beschützern die herrlichsten Lobpreisungen erteilen, verlieren alles Maß,
wenn sie sich zurückgesetzt sehen oder nicht hinreichend belohnt glauben. Ferner
liegen sie immer mit Mönchen, Heuchlern und dergleichen im Streit; auch mit
der Welt, wie sie den verworrenen Gang der Dinge, der beinahe von Gott
unabhängig erscheint, nennen, sind sie immerfort im Kampfe begriffen. Auf
gleiche Weise verfährt der deutsche Dichter, indem er das, was ihn widerwärtig
berührt, heftig und gewaltsam abweist. Mehrere dieser Gedichte werden sich erst
in späten Zeiten für den Druck eignen. T i m u r N a m e h, B u c h d e s T i -
m u r, faßt ungeheure Weltbegebenheiten wie in einem Spiegel auf, worin wir, zu
Trost und Untrost, den Widerschein eigner Schicksale erblicken.
Erfreulicher ist das B u c h d e r S p r ü c h e. Es besteht aus kleinen Gedichten,
zu welchen orientalische Sinnreden meist den Anlaß geben. Das B u c h d e r
P a r a b e l n enthält bildliche Darstellungen mit Anwendung auf menschliche
Zustände. Das B u c h S u l e i k a, leidenschaftliche Gedichte enthaltend,
unterscheidet sich vom Buch der Liebe dadurch, daß die Geliebte genannt ist,
daß sie mit einem entschiedenen Charakter erscheint, ja persönlich als Dichterin
auftritt und in froher Jugend mit dem Dichter, der sein Alter nicht verleugnet, an
glühender Leidenschaft zu wetteifern scheint. Die Gegend, worin dieses
Duodrama spielt, ist ganz persisch. Auch hier dringt sich manchmal eine geistige
Bedeutung auf und der Schleier irdischer Liebe scheint höhere Verhältnisse zu
verhüllen. S a k i N a m e h, B u c h d e s S c h e n k e n. Der Dichter über-
wirft sich mit dem gemeinen Kellner und wählt einen anmutigen Knaben, der ihm
den Genuß des Weins durch gefällige Bedienung versüsse. Das Kind wird sein
Lehrling, sein Vertrauter, dem er höhere Ansichten mitteilt. Eine wechselseitige
edle Neigung belebt das ganze Buch. B u c h d e s P a r s e n. Hier wird die
Religion der Feueranbeter möglichst zur Darstellung gebracht, welches um so
nötiger ist, als ohne einen klaren Begriff von diesem frühesten Zustande die
Umwandlungen des Orients immer dunkel bleiben. Das B u c h d e s P a r a -
d i e s e s enthält sowohl die Sonderbarkeiten des mahometanischen Paradieses

als auch die höheren Züge gläubigen Frommsinns, welche sich auf diese zugesagte künftige heitere Glückseligkeit beziehen. Man findet hier die Legende von den sieben Schläfern nach orientalischen Überlieferungen und andere, die im gleichen Sinn den fröhlichen Umtausch irdischer Glückseligkeit mit der himmlischen darstellen. Es schließt sich mit dem Abschiede des Dichters an sein Volk, und der Divan selbst ist geschlossen.

Wir haben für nötig erachtet, diese Anzeige vorauszuschicken, indem der Damenkalender für 1817 mehrere Glieder dieser Versammlung dem deutschen Publikum empfehlen wird.   *von Goethe.* " [108]

NOTEN UND ABHANDLUNGEN

Zu den Gedichten verfaßte Goethe dann auch seine „Noten und Abhandlungen zum besseren Verständnis des West-östlichen Divan." [109] In den Tag- und Jahresheften beschrieb er dies für das Jahr 1818:

„Der Divan war auch den Winter über mit so viel Neigung, Liebe, Leidenschaft gehegt und gepflegt worden, daß man den Druck desselben im Monat März anzufangen nicht länger zauderte. Auch gingen die Studien immerfort, damit man durch Noten, durch einzelne Aufsätze, ein besseres Verständnis zu erreichen hoffen durfte: denn freilich mußte der Deutsche stutzen, wenn man ihm etwas aus einer ganz andern Welt herüberzubringen unternahm. Auch hatte die Probe in dem Damenkalender das Publikum mehr irre gemacht als vorbereitet. Die Zweideutigkeit: ob es Übersetzungen oder angeregte oder angeeignete Nachbildungen seien, kam dem Unternehmen nicht zu Gute; ich ließ es aber seinen Gang gehen, schon gewohnt, das deutsche Publikum erst stutzen zu sehen, eh' es empfing und genoß.

Vor allen Dingen schien sodann notwendig die Charaktere der sieben persischen Hauptdichter und ihre Leistungen mir und anderen klar zu machen. Dies war nur möglich, indem ich mich der von Hammerischen bedeutenden Arbeit mit Ernst und Treue zu bedienen betrachtete. Alles ward herangezogen, Anquetils Religionsgebräuche der alten Parsen, Bidpais Fabeln, Freytags Arabische Gedichte, Michaelis Arabische Grammatik, alles mußte dienen mich dort einheimischer zu

---

[108] WA I,41/1,86-89.
[109] WA I, 7.

machen. " [110]

Die Notwendigkeit solcher Erläuterungen betont Goethe auch in verschiedenen Briefen an Freunde: *„Der Divan ist abgedruckt wird aber noch zurückgehalten, weil Erläuterungen und Aufklärungen anzufügen sind. Denn ich hatte an meinen bisherigen Hörern und Lesern, (alles höchst gebildete Personen,) gar sehr zu bemerken, daß der Orient ihnen völlig unbekannt sei...* " [111]

Auf die „Noten und Abhandlungen" ist noch gesondert einzugehen. Hier sei nur gesagt, daß sie im Wesentlichen einen Überblick über die persische Literaturgeschichte geben und der Islam dabei an der geschichtlich passenden Stelle abgehandelt wird, aber keineswegs etwa im Vordergrund steht. Die Art und Weise, wie Goethe nach Einschätzung der Bearbeiter seines Nachlasses die oben von ihm selbst angesprochene damalige Fachliteratur verarbeitet hat, wird aus folgenden Worten des Bearbeiters des West-östlichen Divans für die „Weimarer Ausgabe" der Werke Goethes deutlich:

„Im allgemeinen haben wir aus der Art, wie dieser Bücherschatz im handschriftlichen Nachlass von Goethe verwertet ist, den Eindruck bekommen, dass Goethe wirklich genau nur von Hammers Geschichte der schönen Redekünste Persiens, von der er selbst andeutet, daß sie gewissermassen den Rahmen seiner Studien bildete, durchgelesen hat. Die Fundgruben hat er jedenfalls nur partienweis, besonders die Übersetzungen, gelesen; das Meiste musste ihm ja unverständlich bleiben. Die Schriften von Diez sind in ähnlicher Weise nur durchblättert. Da er sie zu eigen besass, ist in den handschriftlichen Blättern weniger aus ihnen notiert worden. Bei den übrigen Werken hat es sich nur um eine flüchtige Razzia gehandelt, bei welcher der Dichter hie und da einzelne ihm auffällige Schmetterlinge einfing..." [112]

Dies möge zunächst als ein kurzer Blick auf die Umstände genügen, unter denen Goethe als über Sechzigjähriger dieses Spätwerk herausgebracht hat. In seiner heutigen Form besteht der West-östliche Divan aus einem ersten Teil mit 318 Gedichten, die nach orientalischem Vorbild in „Bücher" geordnet sind, zwölf an

---

[110] WA I, 36, 135-6.

[111] an S. Boisserée, 26.9.1818, WA I, 29, 295; ähnlich auch an Graf Uwarow, 21.12.1818, WA I, 31, 29-30.

[112] WA I, 7, 291.

der Zahl. Der zweite Teil besteht aus den beigefügten „Noten und Abhandlungen" zu 58 Themen, von „Hebräer" bis „Übersetzungen". Hinzu kommen 29 „Nachlaßgedichte", die dem West-östlichen Divan zuzuordnen sind, aber in seine von Goethe beschlossene Fassung nicht aufgenommen waren.

Im Vergleich zu anderen Gedichten Goethes wirken übrigens manche aus dem West-östlichen Divan weniger beeindruckend, oft sogar sprachlich ungeglättet und gekünstelt, und viele scheinen schlicht unverständlich und sinnlos, wenn man sie ohne Rückgriff auf die meist nur den Spezialisten der Goethe-Forschung bekannten Hintergründe liest. Selbst der Goethe-Verehrer und Philologe Momme Mommsen schreibt: „Nun ist innerhalb des Goetheschen Spätstils mit allen möglichen Härten zu rechnen." [113]

Den Muslim interessiert indes vor allem die Frage, wo und wie Goethe hier islamisches Material verarbeitet hat. Wir wenden uns deshalb nun der Suche nach islamischen Spurenelementen im West-östlichen Divan zu.

SPURENELEMENTE AUS DEM KORAN IM WEST-ÖSTLICHEN DIVAN

Wer als mit dem Koran vertrauter Muslim den West-östlichen Divan sichtet, stößt auf eine Anzahl von Passagen, die einen offensichtlichen Bezug zum Koran aufweisen. Einige andere lassen Verbindungen mit der Sunna erkennen, wieder andere mit der Sira, noch andere allgemein mit der islamischen Lebensweise. In einigen Fällen ist der direkte Bezug auf die islamischen Quellen, voran den Koran, so offensichtlich, daß er sich unmittelbar aufzeigen läßt, in anderen Fällen aber schwerer zu erkennen. Dort muß auf die Ergebnisse der Goethe-Forschung zurückgegriffen werden, die auf manche Quellen verweist, allen voran die „Fundgruben des Orients". Sehr oft stehen aber auch hier Koran und Sunna im Hintergrund, was übrigens nicht verwundern sollte, weil es sich ja doch um das entsprechende Umfeld handelt. Als erster hat wohl Christian Wurm[114] viele Hintergründe von Goethes Divan-Versen untersucht, und die meisten der Goethe-Forschung bekannten Stellen wurden auch schon von ihm erläutert. Seltsamerweise wird er aber in der heutigen Fachliteratur praktisch verschwiegen.

---

[113] Mommsen, Momme: Studien zum West-östlichen Divan, Berlin 1962, 59.
[114] Wurm, Ch.: Commentar zu Göthes west-östlichem Divan, Nürnberg 1834.

Übrigens hat Goethe selbst verschiedentlich darauf hingewiesen, daß aus dem West-östlichen Divan so manches herauszuholen ist. So schrieb er in einem Brief vom 15. 10. 1819: *„Des Divans Poesie und Prose empfehle ich zu fernerem Wohlwollen. Ich habe gar manches hinein versenkt, und muß mich freuen, wenn liebe Seelen es wieder herausfinden."* [115] Unsere „Spurensuche" im West-östlichen Divan ist also durchaus auch im Sinne Goethes.

Ich stelle nun im Folgenden zunächst die Koranverse vor, die als „Spuren-elemente" im West-östlichen Divan anzutreffen sind. Der Einfachheit halber folge ich dabei der Anordnung der Suren und Verse im Koran, und nicht der Goethe-Gedichte. Von den zu seiner Zeit gebräuchlichen Koranübersetzungen hat Goethe vor allem auf die deutsche Ausgabe von Theodor Arnold (nach der englischen Übersetzung von Sale) sowie einer Reihe von Auszügen durch Josef v. Hammer in den „Fundgruben des Orients" zurückgegriffen. Die Goethe-Forschung hat m.W. von Ausnahmen abgesehen bisher noch nicht danach gefragt, welche Koranübersetzung jeweils von Goethe herangezogen wurde, wenn er sich von der Koranlektüre zur Übernahme von Motiven und sogar einzelnen Wörtern und Begriffen anregen ließ. Auch sind eine ganze Reihe der hier behandelten Koranstellen bisher von der Goethe-Forschung gar nicht erkannt und deshalb nicht berücksichtigt worden.

AL-FATIHA 1:5-7

Die Verse 5 bis 7 der ersten Sure des Korans begegnen uns wieder in dem Talisman-Gedicht „Mich verwirren..." aus dem „Buch des Sängers" im West-östlichen Divan:

„Leite uns auf den r e c h t e n W e g, auf den Weg derer, denen Du gnädig gewesen, nicht derer, auf die Du zornig gewesen bist, noch auch derer, die i r r e gehen." [116]

Mich verwirren will das I r r e n;
Doch du weißt mich zu entwirren.

---

[115] WA IV, 32, 73 an Freifrau v. Pogwisch; ähnlich WA IV, 33, 26 an C.F Zelter, 11.5.1820.
[116] Arnold, Theodor: Der Koran..., Lemgo 1746, 2.

Wenn ich handle, wenn ich dichte,
Gib du meinem W e g die R i c h t e!

Auf diesen Zusammenhang hat auch Katharina Mommsen hingewiesen.[117] Dabei handelt es sich gewissermaßen um eine Spiegelung: Die erste Zeile des koranischen Abschnitts wird zur letzten Zeile des Gedichts, die letzte Zeile des koranischen Abschnitts zur ersten Zeile des Gedichts. Zwischen den beiden dem Koran entlehnten Zeilen füllt Goethe mit seinem ganz persönlichen Stoff auf - dem Bezug auf das Dichten. Als Vorbild muß die Sale/Arnold'sche Koranübersetzung gedient haben, in welcher der Ausdruck „rechter Weg" [118] gebraucht ist, während in der v. Hammer'schen Auswahl-Übersetzung „gerader Pfad" [119] verwendet wird, was zu Goethes Vierzeiler nicht paßt.

AL-BAQARA 2:1-6

Den Anfang der 2. Sure zitiert Goethe wörtlich im Abschnitt „Mahomet" der „Noten und Abhandlungen zu besserem Verständnis des West-östlichen Divans" mit dem Vorsatz: *„Der ganze Inhalt des Korans, um mit wenigem viel zu sagen, findet sich zu Anfang der zweiten Sura und lautet folgendermaßen:*
‚Es ist kein Zweifel in diesem Buch. Es ist eine Unterrichtung der Frommen, welche die Geheimnisse des G l a u b e n s für wahr halten, die bestimmten Zeiten des G e b e t s beobachten und von demjenigen, was wir ihnen verliehen haben, A l m o s e n austeilen; und welche der Offenbarung glauben, die den P r o - p h e t e n vor dir herabgesandt worden, und gewisse Versicherung des zukünftigen Lebens haben, diese werden von ihrem Herrn geleitet und sollen glücklich und selig sein. Die Ungläubigen betreffend wird es ihnen gleichviel sein, ob du sie vermahnest oder nicht vermahnest; sie werden doch nicht glauben, Gott hat ihre Herzen und Ohren versiegelt. Eine Dunkelheit bedecket ihr Gesicht, und sie werden eine schwere Strafe leiden. "

Die Stelle ist direkt aus der Koranübersetzung Sale/Arnold übernommen.[120] Die

---

[117] Mommsen, Katharina: Goethe und die arabische Welt, Frankfurt 1988, 270.
[118] Arnold, Theodor: Der Koran..., Lemgo 1746, 2.
[119] Fundgruben des Orients II, Wien 1811, 337.
[120] Arnold, Theodor: Der Koran..., Lemgo 1746, 3.

Hervorhebungen lassen übrigens erkennen, was Goethe als besonders bedeutend und gewissermaßen „islam-typisch" gesehen hat, also Glauben, Gebet, Almosen und Prophetentum. Anderes, so auch das „zukünftige Leben", schien ihm offenbar nicht betonenswert. Im Anschluß an dieses Koranzitat folgt dann die bekannte Stellungnahme Goethes zur Wirkung der Koranlektüre, die wohl anerkennend endet, aber schon allein ihrer Wortwahl wegen von einem gläubigen Muslim nicht geteilt werden kann: *„ Und so wiederholt sich der Koran Sure für Sure. Glauben und Unglauben teilen sich in Oberes und Unteres; Himmel und Hölle sind den Bekennern und Leugnern zugedacht. Nähere Bestimmung des Gebotenen und Verbotenen, fabelhafte Geschichten jüdischer und christlicher Religion, Amplifikationen aller Art, grenzenlose Tautologien und Wiederholungen bilden den Körper dieses heiligen Buches, das uns, sooft wir auch daran gehen, immer von neuem anwidert, dann aber anzieht, in Erstaunen versetzt und am Ende Verehrung abnötigt. "* Ähnlich äußert sich Goethe dann auch noch zur Verbindung von Inhalt und Form: *„Der Stil des Korans ist, seinem Inhalt und Zweck gemäß, streng, groß, furchtbar, stellenweis wahrhaft erhaben; so treibt ein Keil den andern, und darf sich über die große Wirksamkeit des Buches niemand verwundern. "* [121]

AL-BAQARA 2:18

Ein Anklang an den 17. Vers der 2. Sure findet sich in Goethes Gedicht „Oh daß der Sinnen..." aus dem „Buch Suleika". Ob Goethe sich von der Sale/Arnold'schen oder v. Hammer'schen Koranübersetzung anregen ließ, läßt sich kaum entscheiden, da beide die passenden Ausdrücke verwenden:

„Sie sind t a u b, stumm und b l i n d..." [122] - „T a u b, stumm, b l i n d, sie kehren nicht zurück." [123]

Wenn ich dich sehe,
wünsch ich t a u b zu sein,

---

[121] WA I, 7, 33-35.
[122] Arnold, Theodor: Der Koran..., Lemgo 1746, 5.
[123] Fundgruben des Orients II, Wien 1811, 338.

Wenn ich dich höre, b l i n d.

AL-BAQARA 2:25

In dem Divan-Gedicht „Höheres und Höchstes" aus dem „Buch des Paradieses" verwendet Goethe das koranische Thema der Ähnlichkeit von himmlischer Frucht im Paradies mit irdischer Frucht. Als Anregung dürfte der folgende Koranvers in der v. Hammer'schen Übersetzung gedient haben. Die Sale/ Arnold'sche Übersetzung [124] verwendet zwar ebenfalls die entlehnten Begriffe, wirkt aber insgesamt weniger flüssig:

„Gieb gute Botschaft denen, die glauben und Gutes tun, denn ihrer sind G ä r t e n, worinnen Ströme rinnen. So oft sie mit himmlischer F r u c h t genährt werden, sagen sie: so wurden wir vormals genährt auf E r d e n. Allein es ist eine Ähnlichkeit. Es harren ihrer G e m a h l i n n e n   r e i n, und ewig werden sie darinnen sein." [125]

Goethe verwendet die „Gärten" und die „Frucht". Statt der „reinen Gemahlinnen" setzt er das seiner Sprache gemäß gleichbedeutende „hübsche Kinder", statt „auf Erden" einfach „hier":

„So gefallen schöne G ä r t e n,
Blum und F r u c h t und h ü b s c h e   K i n d e r,
Die uns allen h i e r gefielen,
Auch verjüngtem Geist nicht minder."

Der „verjüngte Geist" dürfte auf die islamische Vorstellung zurückgehen, daß im Paradies jedermann jung bleibt, wie dies verschiedenen Worten des Propheten Muhammad (s) zu entnehmen ist.

AL-BAQARA 2:26

Hier hat Goethe das „Gleichnis von der Mücke" für ein Nachlaßgedicht entlehnt:

„Ferner schämt sich G o t t nicht, eine M ü c k e, oder auch ein noch

---

[124] Arnold, Theodor: Der Koran…, Lemgo 1746, 5 f.
[125] Fundgruben des Orients II, Wien 1811, 338-39.

verächtlicheres Ungeziefer in einem G l e i c h n i s vorzustellen." [126]

„Sollt' ich nicht ein G l e i c h n i s brauchen,
Wie es mir beliebt?
Da uns G o t t des Lebens G l e i c h n i s
In der M ü c k e gibt?"

Die v. Hammer'sche Übersetzung verwendet hier „Herr" statt „Gott": „Es scheut sich nicht der Herr ein Gleichnis euch zu geben von einer Mücke oder von dem was darüber ist." [127]

AL-BAQARA 2:96

Von Goethes Hand existiert eine Notiz mit dem Vermerk *„Harut und Marut mit der schönen Frau Strate"* etc., datiert 19. Juli 1814. Sie gehört zu den Vorarbeiten zum Westöstlichen Divan, ist aber dort offenbar nicht verwendet worden.[128] Die Erwähnung der „Frau Strate", die im Koran nicht vorkommt, deutet darauf hin, daß Goethe die Episode der beiden Engel „Harut und Marut", von denen der Koran in Sure 2:96 berichtet, daß sie durch Zauberei Zwietracht zwischen Mann und Frau stifteten, wohl nicht direkt aus dem Koran, sondern einer anderen Quelle übernommen hat, vielleicht einer Orient-Reisebeschreibung. Der zugrundeliegende Koranauszug lautet:

„...vielmehr waren die Satane ungläubig, indem sie die Leute Zauberei lehrten und was den beiden Engeln in Babel, dem H a r u t und M a r u t geoffenbart war... Von ihnen lernte man, womit man Zwietracht zwischen Mann und Weib stiftet..." (2:96)

AL-BAQARA 2:119-121

In diesen Versen berichtet der Koran, wie Abraham und sein Sohn beim Bau des Hauses, d.h. der Kaaba in Mekka, Gott darum bitten, es von ihnen anzunehmen:

---

[126] Arnold, Theodor: Der Koran..., Lemgo 1746, 6.
[127] Fundgruben des Orients II, Wien 1811, 339.
[128] WA I, 77, 290, Bl. 77g.

„Und als Abraham und Ismail die Fundamente des H a u s e s legten, (sprachen sie): ‚Unser H e r r, n i m m e s a n von uns, du bist der Hörende, der Wissende.“

Auf diese Stelle ist m.W. die Goetheforschung bisher nicht eingegangen. Im „Buch der Sprüche“ lautet ein Vierzeiler:

„Herr, laß dir gefallen,
Dieses kleine Haus!
Größre kann man bauen,
Mehr kommt nicht heraus. “

Dieses Gedicht hat einen Vorläufer, der den Zusammenhang mit dem Koran noch deutlicher erkennen läßt. Goethe schrieb am 16.7.1819 an Kosegarten die Zeilen: *„Herr, laß dir gefallen dieses kleine Haus, auf die Größe kommt es nicht an, die Frömmigkeit macht den Tempel. “* [129]

Im Vers 219 spricht der Koran vom „Haus“ als „Versammlungsort“ und der „Stätte Abrahams“ als Betplatz. Hier wäre also der Zusammenhang zwischen dem „Haus“ und dem „Tempel“. Die dritte Zeile „Die Frömmigkeit macht den Tempel“ ist wohl eine Entlehnung aus Sure 22:38 (s.u.), während die erste Zeile dem Gebet des Abraham und Ismail in Sure 2:121 entspricht: *„Herr, laß dir gefallen“* - „Herr, nimm es an“.

AL-BAQARA 2:136

Durch diese Koranstelle hat Goethe sich zu seinem oft zitierten Vierzeiler „Gottes ist der Orient“ aus dem „Buch des Sängers“ anregen lassen. Goethe selbst zitiert ihn auch in einem Brief an S. Boisserée vom 2. Januar 1815. [130]

„Sag: Gottes ist der Orient, und Gottes ist der Occident: Er leitet, wen er will, den wahren Pfad.“ Cor. II. Sure.“ [131]

---

[129] WA IV, 31, 230.
[130] WA IV, 25, 130.
[131] Fundgruben des Orients I, Wien 1809, I.

„Gottes ist der Orient!
Gottes ist der Okzident!
Nord- und südliches Gelände
Ruht im Frieden Seiner Hände. "

Diesen Koranvers findet man auf dem Titelblatt der „Fundgruben des Orients" [132] „bearbeitet durch eine Gesellschaft von Liebhabern". Er ist auch in der „Vorrede" noch einmal als „Titelspruch" vorgestellt: „Wir fühlen uns berufen, den wahren Pfad zur Vervollkommnung des orientalischen Studiums anzuzeigen, und somit auf unsere Unternehmung den Sinn unseres Titelspruchs anzuwenden: Sag: Gottes ist der Orient, und Gottes ist der Occident Er leitet, wen er will, den wahren Pfad..." [133]

Das Titelblatt ist übrigens auch auf Arabisch vorangestellt, so daß Goethe der Vers sogar in arabischer Schrift vorgelegen hat.

Im Koran gibt es noch einige andere Verse, in denen Gott sowie der Osten und der Westen vorkommen, so z.B. Sure 2:115, die Goethe sich schon früher bei seinen eigenen „Auszügen" aus dem Koran in folgender Form als Sure 2:109 aufnotiert hatte: *„Gott gehört der Aufgang und der Niedergang der Sonnen, und wohin ihr euch wendet, ist Gottes Angesicht. "* [134]

Ähnlich lautet Sure 73:9: „Der Herr des Ostens und des Westens! Es gibt keinen Gott außer Ihm; drum nimm ihn an als Schützer." Hier könnte der Goethe'sche Gedanke des *„Ruht im Frieden Seiner Hände"* seinen Ursprung haben. Diese Stelle muß Goethe jedenfalls bekannt gewesen sein, denn die Sure 74 wird in allen Einführungswerken über den Islam, auch solchen, die Goethe gelesen hatte, als eine derjenigen Suren genannt, mit denen nach der ersten Offenbarung (Sure 96:1-5) die Berufung Muhammads (s) zum Propheten erfolgte. Die thematische Verknüpfung „Gott/Osten/Westen" als Motiv aus dem Koran ist Goethe also mehrfach begegnet. Das eigentliche Vorbild für den Vierzeiler dürfte aber zweifelsfrei Sure 2:136 nach den „Fundgruben" gewesen sein, die Goethe ja bei

---

[132] Fundgruben des Orients I, Wien 1809, I.
[133] Fundgruben des Orients I, Wien 1809, III.
[134] Vgl. oben „Goethes Auszüge aus dem Koran"; WA I, 39, 431-32; WA I, 53, 143-47.

seinen Vorbereitungen zum West-östlichen Divan häufig herangezogen hat.

AN-NISAA 4:157

Mit diesem Vers stellt der Koran die gesamte christliche Theologie in Abrede, die ja auf dem „Kreuzestod" beruht. Auch den folgenden direkten Zusammenhang hat die Goethe-Forschung m.W. bisher nicht hergestellt. Goethe verwendet in seinem Gedicht „Auserwählte Frauen" im „Buch des Paradieses" das koranische, nicht das christliche Motiv, nämlich die V e r w e c h s l u n g des Gekreuzigten. Er schreibt dort über Maria, die Mutter Jesu:

„Dann die Allgebenedeite,
Die den Heiden Heil geboren
Und g e t ä u s c h t, in bitt'rem Leide,
S a h den Sohn am K r e u z verloren."

„Und weil sie sagten: ‚Wir haben den Messias Jesus, den Sohn der Maria, den Gesandten Allahs getötet' - doch sie haben ihn nicht getötet und nicht g e k r e u z i g t, sondern er s c h i e n ihnen so..."[135]

Demnach ist Jesus nicht am Kreuz gestorben. Maria unterlag vielmehr einer Täuschung. Sie s a h den Sohn am Kreuz verloren, d.h es s c h i e n ihr so. Das genau ist die koranische Aussage über die Kreuzigung Jesu. Die Wortwahl Goethes ist aber so geschickt, daß sie dem christlichen Leser diese Spitze gegen die christliche Theologie ohne Kenntnis des koranischen Hintergrundes nicht erkennen läßt.

AL-MA'IDA 5:79

Ebenfalls von der Goethe-Forschung wohl noch nicht hergestellt ist der Zusammenhang zwischen diesem Koranvers und einem auffälligen Motiv im Gedicht „Siebenschläfer" aus dem „Buch des Paradieses" im West-Östlichen Divan:

„Wahrlich, ungläubig sind, welche sprechen: Siehe A l l a h, das ist der Messias, der Sohn der Maria... Nicht ist der Messias, der Sohn der Maria, etwas anderes als

---

[135] Sure 4:157.

ein Gesandter; vorausgingen ihm Gesandte, und seine Mutter war aufrichtig. Beide aßen S p e i s e. Schau, wie Wir ihnen die Zeichen deutlich erklären..."[136]

„Sollt' ein G o t t auch trinken, s p e i s e n,
Wie wir andern? Nein ..."

AL-MA'IDA 5:93

Als zumindest indirekte Übereinstimmung mit einem Koranvers darf ein Gedanke bezeichnet werden, den Goethe im „Buch des Unmuts" im Gedicht „Wenn du auf dem Guten ruhst" über den Wein äußert, nämlich, daß der Weingenuß letztendlich zur Entzweiung zwischen den Menschen führt. Goethe verweist selbst darauf, daß seine direkte Vorlage hier Hafis gewesen sein dürfte, während sich dieses Motiv aber auch unmittelbar im Koran findet:

„ Und der Wein, der treue Mann,
der entzweit am Ende...
Hat doch über solches Zeug
Hafis auch gesprochen... "

„Der Satan will nur zwischen euch F e i n d s c h a f t und Haß werfen durch W e i n und Spiel..."[137]

AL-AN'AM 6:74

Deutliche islamische Anklänge vermittelt auch das Nachlaßgedicht „Süßes Kind, die Perlenreihen...", in dem Goethes Abneigung gegen das Kreuz - *„diesem leid'gen Ding"* - als Schmuckstück an einer Perlenkette zum Ausdruck kommt. Das Gedicht enthält eine Aufzählung der großen Gottesgesandten von Abraham bis Muhammad (s), die alle den einen einzigen Gott verkündet haben. Entsprechende Passagen gibt es im Koran an verschiedenen Stellen:

„Sprecht: Wir glauben an Allah und was Er zu uns niedersandte, und was Er niedersandte zu Abraham und Ismail und Isaak und Jakob und den Stämmen, und

---

[136] Sure 5:79.
[137] Sure 5:93.

was gegeben ward Moses und Jesus, und was gegeben ward den Propheten von ihrem Herrn. Keinen Unterschied machen wir zwischen ihnen; und wahrlich, wir sind Muslime." [138]

Goethes Gedicht enthält auch Material biblischen Ursprungs, so z.B. der Hinweis auf Salomon *„Da viele Frauen Salomonis ihn verkehrten"*. Im Koran ist an keiner Stelle davon die Rede, daß Sulaiman, wie die Bibel ausführlich schildert, in fortgeschrittenem Alter von seinen vielen nichtjüdischen Frauen zum Götzendienst verleitet wurde.

Von Davids Wandlung durch *„viel Gebrechen, Ja Verbrechen"* berichtet ausführlich die Bibel, während der Koran sich nur auf einen kurzen Hinweis in Sure 38:21 ff. beschränkt, der indes keine Übereinstimmung mit der biblischen Darstellung aufweist, so daß Goethe sich hier offensichtlich nicht auf den Koran bezogen hat.

Moses *„in wüster Ferne"* ist wohl ein Hinweis auf die Wüstenwanderung mit dem Volk Israel und den Empfang der Gesetzestafeln. Davon berichtet sowohl die Bibel wie auch der Koran. Zweifellos islamisch-koranisch sind indes die folgenden Passagen aus dem Goethe-Gedicht:

„Abraham, den Herrn der Sterne,
hat er sich zum Ahn erlesen;
Moses ist in wüster Ferne
Durch den einen groß gewesen.

David auch, durch viel Gebrechen,
Ja Verbrechen durch gewandelt,
Wußte doch sich loszusprechen:
‚Einem hab' ich recht gehandelt.'

Jesus fühlte rein und dachte
Nur den einen Gott im Stillen;
Wer ihn selbst zum Gotte machte,
Kränkte seinen heilgen Willen.

---

[138] Sure 2:136; vgl. auch Sure 4:164, 6:84 u.a.m., auch mit Erwähnung Davids u.a.

Und so muß das Rechte scheinen,
Was auch Mahomet gelungen;
Nur durch den Begriff des einen
Hat er alle Welt bezwungen. "

Vor allem die in den letzten Zeilen implizierte Auffassung, daß Muhammad (s) in einer Reihe mit den genannten Propheten und sogar als ihr Abschluß gesehen wird, ist allein koranisch und nicht biblisch. So heißt es im Koran:

„Und da Jesus, der Sohn der Maria, sprach: O ihr Kinder Israel, siehe, ich bin Allahs Gesandter an euch, bestätigend die Tora, die vor mir war und einen Gesandten verkündigend, der nach mir kommen soll, des Name Ahmad ist..." [139]

Auch die Ablehnung des Kreuzes stimmt mit islamischer Lehre überein, da der Koran den Tod Jesu am Kreuz ausdrücklich nicht bestätigt:

„Und weil sie sprachen: Siehe, wir haben den Messias Jesus, den Sohn der Maria, den Gesandten Allahs, ermordet - doch ermordeten sie ihn nicht und kreuzigten ihn nicht..." [140]

Ebenso ist die einzige in diesem Gedicht gemachte Aussage über Jesus, nämlich daß er selbst den Eingottglauben vertrat und seine Vergöttlichung ihm Gewalt anzutun bedeutet, nicht biblisch, sondern islamisch-koranisch; allerdings nicht in der Sure 2 zu finden, wie Katharina Mommsen vorschlug,[141] weil die drei Verse in Sure 2, die sich auf Jesus beziehen, die Lehre von der Einheit Gottes nicht erwähnen.[142] Deutlich wird dies aber in Sure 5:

„Wahrlich, ungläubig sind, welche sprechen: Siehe Allah, das ist der Messias, der Sohn der Maria. Und es sprach doch der Messias: O ihr Kinder

---

[139] Sure 61:6. „Ahmad" ist ein anderer Name des Propheten Muhammad (s). Vgl. auch Sure 4:163; 33:7; 42:11 u.a.m.
[140] Sure 4:157.
[141] Mommsen, Katharina: Die Bedeutung des Koran für Goethe, in: Reiss, Hans: Goethe und die Tradition, Frankfurt/M. 1972, S. 149.
[142] Vgl. Sure 2:87; 2:136; 2:253.

Israel, dient Allah, meinem Herrn und eurem Herrn..." [143]

„Und wenn Allah sprechen wird: ‚O Jesus, Sohn der Maria, hast du zu den Menschen gesprochen: Nehmt mich und meine Mutter als zwei Götter neben Allah an?' Dann wird er sprechen: ‚Preis sei Dir! Es steht mir nicht zu, etwas zu sprechen, was nicht wahr ist. Hätte ich es gesprochen, dann wüßtest Du es. Du weißt, was in meiner Seele ist... Nichts anderes sprach ich zu ihnen, als was Du mich hießest, nämlich: Dient Allah, meinem Herrn und eurem Herrn...'" [144]

Die Bezeichnung „Herr der Sterne" für Abraham scheint auf seine Nachkommenschaft, zahlreich wie die Sterne, zu verweisen, was dem Alten Testament entnommen wäre (1. Moses 15,5). Es spricht indes mehr dafür, daß Goethe sich auch hier am Koran orientiert hat und sich auf Sure 6:74-79 bezog. Diesen Abschnitt hatte er sich ja schon bei seinen Koranauszügen 1771/72 aufnotiert [145] und später in seinem Mahomet-Fragment darauf aufgebaut. [146] Schon Hans Heinrich Schaeder wies auf diesen Zusammenhang hin,[147] und auch Momme Mommsen sah eine Verbindung mit Sure 6, ohne aber die Versangabe zu bringen.[148] Die folgenden zeitlichen Übereinstimmungen sprechen ebenfalls für den koranischen Hintergrund: Die Entstehung des Gedichts wird datiert „um den 10. März 1815", [149] und Goethe hat nach seinen eigenen Tagebuchaufzeichnungen am 7. und 8. März 1815 „Coran" gelesen. [150] Den 2. Band der „Fundgruben des Orients" mit der „Fortsetzung der Proben einer neuen Übersetzung des Korans" von J. v. Hammer[151] - darunter auch Sure 6:74-79 [152] - hatte Goethe vom 21. Januar bis 16. Mai 1815 aus der Weimarer Bibliothek entliehen.[153] Dies muß der Korantext gewesen sein, den Goethe damals las, denn zu dieser Zeit hatte er aus

---

[143] Sure 5:72.
[144] Sure 5:116-117.
[145] WA I, 53, 145-6.
[146] WA I, 39, 187-92.
[147] Schaeder, Hans Heinrich: Goethes Erlebnis des Ostens, Leipzig 1938, 40.
[148] Mommsen, Momme: Studien zum West-östlichen Divan, Berlin 1962, 145-6.
[149] Weitz, Hans-J.: Goethe. Westöstlicher Divan, Frankfurt 1974, 353.
[150] WA 3,5,152.
[151] Wien 1811.
[152] Vgl. 336-358.
[153] Keudell, Elise von u. Deetjen, Werner: Goethe als Benutzer der Weimarer Bibliothek. Ein Verzeichnis der von ihm entliehenen Werke, Weimar 1931, Nr. 962.

der Weimarer Bibliothek keine andere Koranübersetzung entliehen,[154] und ein eigenes Koranexemplar hat er - überraschenderweise - offenbar gar nicht besessen. Jedenfalls ist unter den 5424 Titeln seiner Privatbibliothek weder der Koran noch eine der von ihm herangezogenen Übersetzungen aufgeführt. [155]

AL-AN'AM 6:98
„Er hat euch die Gestirne gesetzt, als Leiter in der Finsternis zu Land und See..."

„Er hat euch die Gestirne gesetzt,
Als Leiter zu Land und See,
Damit ihr euch daran ergetzt,
Stets blickend in die Höh."

Diesen Koranvers hat Goethe, wie ersichtlich, fast wörtlich in das Gedicht „Freisinn" im „Buch des Sängers"[156] übernommen. Er kannte ihn aus den „Fundgruben des Orients", wo ihn v. Hammer als Motto dem Titel seines ersten Aufsatzes „Über die Sternbilder der Araber, und ihre eigenen Namen für einzelne Sterne" nachgestellt hat.[157] Dabei ist die fälschliche Angabe „Koran Sura 98, Vers 21" genannt. Dieser Irrtum wurde in der Goethe-Philologie, die ja mit dem Koran natürlicherweise weniger vertraut ist, weitergereicht und ist auch nach fast 180 Jahren noch immer nicht berichtigt worden. Schon Konrad Burdach übernahm diese fälschliche Quellenangabe in den 6. Band der Weimarer Ausgabe [158] und genau 100 Jahre später bringt sie erneut Katharina Mommsen in ihrem Glanzstück „Goethe und die arabische Welt".[159]

Derselbe Koranvers ist auch enthalten - und dort richtig beziffert - in der „Fortsetzung der Proben einer neuen Übersetzung des Korans von J. von

---

[154] Vgl. Keudell, Elise von u. Deetjen, Werner: Goethe als Benutzer der Weimarer Bibliothek. Ein Verzeichnis der von ihm entliehenen Werke, Weimar 1931, Nr. 1009; 1165, 1187.

[155] Vgl. Ruppert, Hans: Goethes Bibliothek. Katalog. Weimar 1958.

[156] WA I,6,9.

[157] Fundgruben des Orients I, Wien 1809, 1.

[158] Im Jahr 1888, WA I, 6, 364.

[159] Mommsen, Katharina: Goethe und die arabische Welt, Frankfurt 1988, 271.

Hammer": „6:98. Er ist's, der die Gestirne euch gesetzt zur Leitung in der Finsternis zu Land und See; und diese Zeichen haben wir verliehn den Völkern, so die Wahrheit anerkennen." [160]

AL-A'RAF 7:180
„Und Allahs sind die schönsten Namen. Drum ruft ihn an mit ihnen..."

Von den sogenannten „schönsten Namen Allahs" spricht der Koran außerdem noch in Sure 17:110, 20:8 und 59:24 und führt auch manche dieser göttlichen Attribute an. Mit Bezug auf die Aufzählung der „schönsten Namen Allahs" - nach der Tradition hundert an der Zahl - schreibt Goethe in „*In tausend Formen magst du dich verstecken...*" im „Buch Suleika":

„*Und wenn ich Allahs Namenhundert nenne*
Mit jedem klingt ein Name nach für dich."

Dabei zählt Goethe ganz analog eine Reihe von Eigenschaften der „angebeteten Geliebten" auf „*Allerliebste, Allgegenwärtige, Allschöngewachsene, Allschmeichelhafte, Allspielende, Allmannigfaltige, Allbuntbesternte, Allumklammernde, Allerheiternde, Allherzerweiternde, Allbelehrende...*"

Auch im Gedicht „Talismane" im „Buch des Sängers" ließ Goethe sich von diesem koranischen Motiv anregen:

„*Er, der einzige Gerechte,*
Will für jedermann das Rechte.
Sei von Seinen hundert Namen
Dieser hochgelobet! Amen."

„Allah der Gerechte" kommt so im Koran zwar nicht vor. Nur Sure 6:155 verwendet das Wort al-'adl im Zusammenhang mit Allah: „Und vollkommen ist das Wort deines Herrn in Wahrhaftigkeit und Gerechtigkeit." Goethe's Quelle ist wiederum die „Fundgruben des Orients", wo v. Hammer im Aufsatz „Über die Talismane der Moslimen" die „Hundert Namen Allahs" arabisch und deutsch

---

[160] Fundgruben des Orients II, Wien 1811, 348.

bringt [161] und im Abschnitt „Namen Gottes und des Propheten" unter Nr. 29 „al-'adl, der Gerechte" aufführt. Aufgezählt sind die sogenannten „schönsten Namen Allahs" in einem von Abu Huraira überlieferten Hadith, das seinerseits die Grundlage für v. Hammer's Liste darstellt.

Einen weiteren Hinweis auf die in Sure 7:180 erwähnten „Namen" Allahs bietet eine Notiz Goethes: *„Das abscheuliche wohin das System der Einheit Gottes führt. Das Absurde dass man ihm alle würdig gewordenen Nahmen (Prädicate) geben muss. Das Rechtfertigen des..."* sowie weitere „meist unleserliche Worte". [162] Diese Bleistiftbemerkungen Goethes, so unklar sie auch sind, zeigen doch, daß er der islamischen Auffassung von der Achtung und Ehrerbietung gegenüber den Namen Gottes eher fernstand, wie dies ja auch seine Anwendung im „Buch Suleika" erkennen läßt.

JUSUF 12:24

Der Koran spricht hier von der Frau des Ägypters und dem Propheten Jusuf, dem biblischen Josef:

„Und sie verlangte nach ihm, und auch er hätte nach ihr verlangt, wenn er nicht ein Zeichen von seinem Herrn gesehen hätte..."

Goethe bezieht sich hierauf im Gedicht „Auserwählte Frauen" im „Buch des Paradieses", wo es heißt:

„Erst Suleika, Erdensonne,
Gegen Jussuph ganz Begierde,
Nun, des Paradieses Wonne,
Glänzt sie, der Entsagung Zierde."

Zwar wird der Name „Suleika" im Koran nicht genannt, und seine Verwendung durch Goethe zeigt, daß er andere Quellen für diese „Liebesgeschichte" verwendet hat. Diese Quellen aber - auch das zeigt der Name „Suleika" - stammen aus dem islamischen Umfeld, und ihnen liegt die Sure

---

[161] Fundgruben des Orients IV, Wien 1814, 161-162.
[162] WA I, 7, 305; Paralipomena Bl. 92a.

Jusuf (12) des Korans zugrunde, so daß hier doch zumindest von einem indirekten koranischen Spurenelement gesprochen werden darf.

Jusuf kommt im Westöstlichen Diwan auch noch an anderen Stellen vor, so z.B. im Gedicht „Lieb' um Liebe..." im „Buch Suleika":

- *„Jussuphs Reize möchte' ich borgen..."*
- *„Daß Suleika von Jussuph entzückt war, ist keine Kunst..."*

IBRAHIM 14:5

„Wir sandten keinen Propheten als in der Sprache seines Volkes, die Wahrheit aufzuklären..."[163]

Wenn auch dieser Koranvers nicht unmittelbar im Westöstlichen Divan angeführt ist, hat Goethe in doch in der Entstehungszeit des Divan in einem Brief an O. Blumenthal, datiert 28.5.1819, zitiert:

„Es ist wahr, was Gott im Koran sagt: Wir haben keinem Volk einen Propheten geschickt, als in seiner Sprache!"[164]

Goethe verwendete diesen Koranvers auch noch bei einer späteren Gelegenheit, auf die noch zurückzukommen ist.

AL-KAHF 18:8-25

„Und du hättest die Sonne beim Aufgang sich von der Höhle zur Rechten wegneigen und sich beim Untergang zur Linken ausbiegen sehen können, während sie in ihrem Raum weilten... Und du hättest sie für wach gehalten, wiewohl sie schliefen; und wir kehrten sie nach rechts und links. Und ihr Hund lag mit ausgestreckten Füßen auf der Schwelle"...[165]

Ein weiteres koranisches Motiv liegt dem Gedicht „Siebenschläfer" im „Buch des Paradieses" zugrunde:

... *„Aber jene schlafen immer,*

---

[163] Sure 14:5 nach Fundgruben des Orients III, Wien 1813, 235.
[164] WA IV, 31, 160.
[165] Sure 18:16-17.

und der Engel, ihr Beschützer,
sagt vor Gottes Thron berichtend:
„So zur Rechten, so zur Linken
hab' ich immer sie gewendet,
daß die schönen jungen Glieder
nicht des Moders Qualm verletze.
Spalten riß ich in die Felsen,
daß die Sonne steigend, sinkend
junge Wangen frisch erneute;
Und so liegen sie beseligt." -
Auch auf heilen Vorderpfoten,
schläft das Hündlein süßen Schlummers"...

Goethes eigentliche Quelle war offensichtlich der Beitrag „The Story of the Seven Sleepers" von J. G. Rich in den „Fundgruben" von 1813.[166] Einige Elemente stammen dabei aus der Sure 18, wo in strafferer Form von den „Siebenschläfern" die Rede ist. J. v. Hammers „Fortsetzung der Probe einer Übersetzung des Korans" im selben Band der „Fundgruben" enthält mit Sure 18:26-27 ebenfalls einen Hinweis auf die „Siebenschläfer": „26. In ihrer Höhle schliefen sie (die Siebenschläfer) dreihundert Jahre und darüber neun. 27. Sag: Gott weiß, wie lange sie schliefen, denn sein ist das Geheimnis des Himmels und der Erde"...

Ganz deutlich sind indes die beiden folgenden Entlehnungen aus dem Koran: „Sie sprachen:... So entsendet einen von euch mit diesem eurem Geld zur Stadt, damit er schaut, wer die reinste Speise hat und euch Kost von ihm bringt..."[167]

In Goethes Gedicht „Siebenschläfer" heißt dies dementsprechend:
„Lauf ich hin und hol euch Speise
Leben wag' ich und das Goldstück!"

Auch was die Zahl der Jünglinge betrifft, folgt Goethe dem Koran, in dem es

---

[166] Fundgruben des Orients III, Wien 1813, 347-381.
[167] Sure 18:18.

heißt: „...und sie werden sprechen: ‚Sieben und der achte war ihr Hund.'" [168]
„Denn die Sieben, die von lang her -
Achte waren's mit dem Hunde -"

MARJAM 19:25
Im „Buch Suleika" dichtet Goethe:

„An vollen Büschelzweigen,
Geliebte, sieh nur hin!
Laß' dir die Früchte zeigen...

Die Schale platzt, und nieder
Macht er sich freudig los;
So fallen meine Lieder
Gehäuft in deinen Schoß. "

Die Worte aus dem Koran sind an Marjam, die Mutter Jesu gerichtet, von der es heißt, daß sie sich vor der Geburt in die Einsamkeit zurückgezogen hat, wo Gott sie auf wundersame Weise versorgte. Goethes „Buch Suleika" weist indes keinen vergleichbaren religiösen Hintergrund auf, sondern stellt eine Sammlung von Liebesgedichten dar, die sich, wie man weiß, auf Marianne v. Willemer beziehen. An dieser Stelle hatte aber schon Christian Wurm auf den Zusammenhang mit Sure 19 verwiesen.[169] Der Baum im Koran ist allerdings eine Palme, während Goethe wohl von einem Kastanienbaum spricht. Immerhin kommt sowohl im Koran wie in Goethes Gedicht vor: Ein Baum, dessen Früchte und das Herabfallen derselben.

MARJAM 19:31-34
Die eindeutig nicht biblische, sondern koranische Bezeichnung „Prophet" für Jesus und den ebenso eindeutig islamischen Friedenswunsch auf ihn verwendet Goethe im Gedicht „Siebenschläfer" im „Buch des Paradieses":

---

[168] Sure 18:21.
[169] Wurm, Ch.: Commentar zu Göthes west-östlichem Divan, Nürnberg 1834, 211.

„Ephesus gar manches Jahr schon
Ehrt die Lehre des Propheten
Jesus. (Friede sei dem Guten!)..."

„Er sprach: ‚Siehe, ich bin Allahs Diener. Gegeben hat Er mir das Buch, und Er machte mich zum Propheten... Und Frieden auf den Tag meiner Geburt und den Tag, da ich sterbe, und den Tag, da ich erweckt werde zum Leben!'" [170]

Da Goethe aber die „Siebenschläfer"-Erzählung, wie schon oben erwähnt (vgl. unter Al-Kahf 18:8-25), aus den „Fundgruben des Orients" zum direkten Vorbild hatte, könnte es sich hier auch um ein indirektes koranisches Spurenelement in seiner Dichtung handeln. Allerdings sind die Parallelen verblüffend eindeutig.

TA HA 20:26

Schon bei seinen 1771/72 gemachten Koranauszügen hatte Goethe sich das folgende Wort des Moses aus dem Koran notiert, das bei ihm offenbar einen starken inneren Widerhall hervorrief, denn er hat es später wörtlich zitiert:

„Er sprach: O mein Herr, mache mir Raum in meiner engen Brust. Mache mir auch mein Geschäft leicht. Löse auch auf das Band von meiner Zunge." [171]

Goethe schrieb im Juli 1772, wohl in der Monatsmitte, aus Wetzlar einen Brief an Herder und flocht dabei den Satz ein: *„Ich möchte beten, wie Moses im Koran: Herr mache mir Raum in meiner engen Brust."* [172]
In der Goethe-Forschung wird auch angenommen, daß der Satz „Gott wird euch Raum geben", den im 1. Aufzug des Goethe-Dramas „Götz von Berlichingen" Gottfried zu Martin spricht,[173] sich von diesem Koranvers herleitet. Wie den Brief an Herder, in dem 20:26 wörtlich zitiert ist, hat Goethe den „Götz" im Jahre 1772 verfaßt. Allerdings ist hier der Zusammenhang ohne Kenntnis der

---

[170] Sure 19:31-34.
[171] Sure 20:26-29.
[172] WA IV, 2, 17, 15.
[173] WA I, 39, 14, 13.

detaillierten Begründungen für diese Annahme seitens der Goethe-Forschung [174] nur sehr schwer nachvollziehbar, und es handelt sich offenbar um den völlig isolierten Fall eines koranischen Spurenelements in diesem Werk Goethes.

AL-ANBIJA 21:78-79

Wurm verweist in seinem „Commentar" auf „Hafis II, p.87" [175] als Quelle für das Goethe-Gedicht „Unvermeidlich" aus dem „Buch Hafis":

„Wer kann gebieten den Vögeln,
Still zu sein auf der Flur?
Und wer verbieten zu zappeln
den Schafen unter der Schur? ...
Wer will mir wehren zu singen
nach Lust zum Himmel hinaus
Den Wolken zu vertrauen,
Wie lieb sie mir's angetan?"

„Und gedenke Davids und Salomos, als sie über den Acker richteten, da in ihm die Schafe der Leute zur Nachtzeit weideten. Und Wir waren Zeugen ihres Spruchs. Und Wir gaben Salomo Einsicht hierin, und beiden gaben Wir Weisheit und Erkenntnis. Und Wir machten David die Berge und die Vögel dienstbar, mit ihm Unseren Preis zu verkünden..." [176]

Im Koran gibt es noch zwei weitere Passagen, in denen die „Vögel", das „Singen" vorkommen, - jeweils im Zusammenhang mit dem Propheten David - nämlich in Sure 34:10 und 38:16-25, wobei in letzterem Fall auch wieder die „Schafe" vorhanden sind.

AL-HADDSCH 22:15

Diese Stelle, im Koran das Wort Gottes, legt Goethe im „Buch des Unmuts" dem Propheten (s) in den Mund:

---

[174] Vgl. Mommsen, Katharina: Goethe und die arabische Welt, Frankfurt 1988, 172-176.
[175] Wurm, Ch.: Commentar zu Göthes west-östlichem Divan, Nürnberg 1834, 105.
[176] Sure 21:78-79.

„Der Prophet spricht:
Ärgert's jemand, daß es Gott gefallen,
Mahomet zu gönnen Schutz und Glück,
An den stärksten Balken seiner Hallen,
Da befestig' er den derben Strick,
Knüpfe sich daran! Das hält und trägt;
Er wird fühlen, daß sein Zorn sich legt. "

„Wer da glaubt, daß Allah ihm nimmer hilft hienieden und im Jenseits, der spanne ein Seil zum Himmel, alsdann schneide er es ab und schaue zu, ob seine List vernichten kann, was ihn erzürnt." [177]

Das in der Koranübersetzung verwendete Wort „Himmel" (Arabisch: samaa) erläutern die anerkannten Koranausleger an dieser Stelle in der Regel mit „Himmel seines Hauses", also „Dach". [178] Die Fundstelle, aus der Goethe diesen Koranvers gekannt haben soll, ist K.E. Oelsner, Mohamed, Frankfurt 1810. [179] Dort ist darauf Bezug genommen. [180]

AL-HADDSCH 22:38

Hierbei handelt es sich um ein weiteres koranisches Spurenelement, das meines Wissens von der Goethe-Forschung bisher nicht behandelt wurde. Der Koranvers 22:38 spricht von den Opfertieren, die anläßlich der Wallfahrt im Gedenken an die Geschichte Abrahams und seines Sohnes geopfert werden: „Nimmer erreicht ihr Fleisch und Blut Allah, jedoch erreicht Ihn eure Frömmigkeit".[181]

Der Koranvers bringt zum Ausdruck, daß nicht das Materielle, nämlich das Fleisch und Blut der Opfertiere, vor Allah das Entscheidende darstellt, sondern das, was beabsichtigt wurde. Den selben Gedanken spricht Goethe in seinem Brief vom 16.7.1819 an J. Kosegarten an, wo er schreibt:

---

[177] Sure 22:15.
[178] Vgl. z.B. Tabari, Ibn Kathir, tafsir al-Dschalalain u.a.m.
[179] Weitz, H. J. (Hg.): Goethe. West-östlicher Divan, Frankfurt 1974, 313.
[180] Oelsner, K. E.: Mohamed, Frankfurt 1810, 217, Anm.1.
[181] Sure 22:38.

„Herr laß dir gefallen, dieses kleine Haus
auf die Größe kommt es nicht an,
Die Frömmigkeit macht den Tempel." [182]

Goethe verwendet in der dritten Zeile sogar dasselbe Wort: *„Frömmigkeit"*. Ein weiterer Bezug besteht offenbar zu Koran Sure 2:121, wo vom Erbauen des Hauses, d.h. der Kaaba in Mekka, durch Abraham und seinen Sohn die Rede ist:
„Und als Abraham und Ismail die Fundamente des Hauses legten (sagten sie): ,Unser Herr, nimm es an von uns...'" [183]

Die sowohl in diesem Koranvers wie bei Goethe vorkommenden Begriffe sind „Herr" und „Haus", und Goethes Formulierung *„laß dir gefallen"* entspricht den koranischen Worten „nimm es an". Darüber hinaus ist die gedankliche Entsprechung offensichtlich. Das „kleine Haus" ist ein „Tempel", wie das Haus in Mekka, die Kaaba, ein Bethaus ist. Beide Koranstellen haben bei Goethe eventuell zusammengewirkt. Hinweise dafür, daß Goethe sich speziell für die Abrahamsgeschichte interessierte, also auch die damit zusammenhängenden Koranverse gekannt haben sollte, finden sich schon in seinem Mahomet-Fragment, wo er ja die von Abraham handelnden Koranverse Sure 6:75 ff. auf Muhammad (s) angewendet hat.

AL-HADDSCH 22:72

Diesen Koranvers benutzte Goethe für sein „Siebenschläfer-Gedicht", obwohl ein solcher Zusammenhang dem Koran nicht zu entnehmen ist. Es handelt sich also um ein weiteres Beispiel dafür, wie Goethe sich des koranischen Materials bedient und es ganz frei verwendet:
„O ihr Menschen, ein Gleichnis ward gemacht, so hört es. Siehe, jene, die ihr außer Allah anruft, nimmer erschaffen sie eine Fliege, auch wenn sie sich dazu versammelten; und wenn ihnen die Fliege etwas raubte, sie könnten es ihr nicht entreissen..." [184]

---

[182] WA IV, 31, 230.
[183] Sure 2:121.
[184] Sure 22:72.

Bei Goethe heißt es im Gedicht „Siebenschläfer" im „Buch des Paradieses":

„Sechs Begünstigte des Hofes
Fliehen vor des Kaisers Grimme,
Der als Gott sich läßt verehren,
Doch als Gott sich nicht bewähret:
Denn ihn hindert eine Fliege,
Guter Bissen sich zu freuen…
Nun, so sagen sich die Knaben -
Sollt ein Flieglein Gott verhindern?"

Die Parallelen sind eindeutig: Darin, daß die *„Fliege"* vom falschen Götzen bzw. „Kaiser-Gott" nicht daran gehindert werden kann, sich einen Teil der ihm allein zugedachten Nahrung anzueignen, liegt der Beweis, daß er nicht wahrer Gott sein kann. Auf den ersten Aspekt des Koranverses, nämlich, daß die falschen Götter, auch gemeinschaftlich, nicht einmal eine Fliege erschaffen können, verzichtet Goethe allerdings, wohl weil dies nicht in den Zusammenhang paßt, in dem er das „Fliegen-Motiv" verwendet.

ASCH-SCHU'ARAA 26:221-26

Während Wurm in seinem „Commentar" [185] zum nachfolgenden Goethe-Gedicht „Anklage" im „Buch des Hafis" lediglich auf Jesaja 34,14 und 13,21 verweist, läßt sich doch der Bezug zum Koran ganz eindeutig erkennen:

„Wißt ihr denn, auf wen die Teufel lauern
In der Wüste, zwischen Fels und Mauern?
Und wie sie den Augenblick erpassen,
Nach der Hölle sie entführend fassen?
Lügner sind es und der Bösewicht.
Der Poete, warum scheut er nicht,
Sich mit solchen Leuten einzulassen!

---

[185] Wurm, Ch.: Commentar zu Göthes west-östlichem Divan, Nürnberg 1834, 64.

Weiß denn der, mit wem er geht und wandelt,
Er, der immer nur im Wahnsinn handelt?
Grenzenlos, von eigensinngem Lieben,
Wird er in die Öde fortgetrieben.
Seiner Klagen Reim, in Sand geschrieben,
Sind vom Winde gleich verjagt;
Er versteht nicht, was er sagt,
Was er sagt, wird er nicht halten. "

„Soll ich dir sagen, auf wen die Teufel niedersteigen?
Sie steigen nieder auf die Lügner und den Bösewicht.
Sie flüstern ihm ins Ohr, doch nichts als Lügen.
Die Poeten folgen ihnen, und lassen sich von ihnen betrügen.
Siehst du denn nicht, wie sie durch die Täler schweifend nimmer ruhn
Und Dinge sagen, die sie nimmer thun..." [186]

Der Vergleich mit der hier zitierten Hammer'schen Übersetzung von Koran-auszügen [187] läßt ganz deutlich das koranische Vorbild erkennen. Daß Goethe diese Verse aus der Hammer'schen Koranübersetzung tatsächlich verwendet hat, erweist ein erhaltenes Exzerpt aus den „Fundgruben des Orients", auf dem unnummeriert die Verse 220 bis 225, ausgenommen 222, unter der Überschrift „Anklage" von Goethe niedergeschrieben sind. Darunter sind als Quelle irrtümlich angegeben „Sur. 36, p. 255 III Fgr." - während es sich ja in Wirklichkeit um Sure 26 handelt - sowie die Stichwörter „Poesie, Propheten, Wort Magie." [188]

AN-NAML 27:20

Das „Wiedehopf-Motiv" Goethes im Gedicht „Gruss" im „Buch des Hafis" ist ein weiteres Beispiel für einen indirekten koranischen Einfluß. Der koranische (arabische) Name des Wiedehopfs ist „Hudhud":

---

[186] Sure 26:220-225.
[187] Fundgruben des Orients III, Wien 1813, 255.
[188] Grumach, Ernst: Goethe. West-östlicher Divan 3. Paralipomena, Berlin 1952, 158, No. 154.

O wie selig ward mir!
Im Lande wandel ich,
Wo Hudhud über den Weg läuft.
„Hudhud", sagt' ich, „fürwahr!
Ein schöner Vogel bist du!
Eile doch, Wiedehopf.
Eile der Geliebten,
Zu verkünden, daß ich ihr
Ewig angehöre.
Hast du doch auch
Zwischen Salomo
Und Sabas Königin
Ehemals den Kuppler gemacht. "

„Und er (Salomo) musterte die Vögel und sprach: Was sehe ich nicht den Wiedehopf? Ist er etwa abwesend?...
Und er säumte nicht lange und sprach: Ich gewahrte, was du nicht gewahrtest, und ich bringe dir von Saba gewisse Kunde. Siehe, ich fand eine Frau über sie herrschend, der von allen Dingen gegeben ward... Er sprach: Wir wollen schauen, ob du die Wahrheit sprachst oder logst.
Geh hinfort mit diesem meinem Brief und wirf ihn vor sie. Alsdann wende dich ab von ihnen und schau, was sie erwidern..." [189]

Hudhud, der Wiedehopf, taucht auch in fünf Nachlaßgedichten zum West-östlichen Divan auf: „Hudhud auf dem Palmensteckchen" - „Hudhud sprach: Mit einem Blicke..." - „Hudhud als einladender Bote" - „Hudhud erbittet ein Neujahrsgeschenk rätselweise" - „Schön und köstlich ist die Gabe". [190] Auch hier übernimmt er die Rolle des „Liebesboten", die Goethe ihm zuschreibt. Dies entspricht nicht dem koranischen Vorbild, wo der Wiedehopf nur Bote ist und es sich bei der Geschichte von Sulaiman (Salomo) und der Königin von Saba auch nicht um eine Liebesgeschichte handelt, sondern es dürfte aus der

---

[189] Sure 27:20-28.
[190] WA I, 6, 294, 295, 296, 297, 298.

orientalischen Literatur entlehnt sein, die aber ihrerseits, was das „Wiedehopf-Motiv" angeht, eine enge Verbindung zum obigen Koranabschnitt hat.

AL-QASAS 28:73

Im Zusammenhang mit dem Goethe-Wort „Noch ist es Tag..." aus dem „Buch der Sprüche" des West-östlichen Divans verwies Wurm in seinem „Commentar" auf Johannes 9,4, aber merkte auch schon an: „Mag sein, daß Goethe diesen Ausspruch von einem anderen Orientalen entlehnt hat..." [191] Der Koran enthält in Sure 28:73 ein ähnliches Motiv:

„Noch ist es Tag,
da rühre sich der Mann!
Die Nacht tritt ein,
wo niemand wirken kann. "
„Aus Seiner Huld gab Er euch Tag und Nacht, worinnen ein Jeder ruhn und arbeiten mag, damit ihr dankbar seid in Ewigkeit." [192]

Weitere Koranstellen mit ähnlichem Motiv sind zu finden in Sure 10:68; 27:88; 40:63.

Al-ANKABUT 29:40

Wiederum ganz eindeutig ist die Übernahme des Motivs der „Spinne" aus dem Koran in Goethes Gedicht „Alle Menschen..." im „Buch der Parabeln":

„Alle Menschen, groß und klein,
Spinnen sich ein Gewebe fein,
Wo sie mit ihren Scheren spitzen
Gar zierlich in der Mitte sitzen.
Wenn nun darein ein Besen fährt,
Sagen sie, es sei unerhört,
Man habe den größten Palast zerstört. "

---

[191] Wurm, Ch.: Commentar zu Göthes west-östlichem Divan, Nürnberg 1834, 137.
[192] Sure 28:73, in der Hammer'schen Übersetzung, Fundgruben des Orients III, Wien 1813, 256.

„Das Gleichnis jener, welche neben Allah Beschützer annehmen, ist das Gleichnis der Spinne, die sich ein Haus machte; und siehe, das gebrechlichste der Häuser ist wahrlich das Haus der Spinne; o daß sie doch dies wüßten." [193]

Allerdings verwendet Goethe auch hier wieder das entlehnte koranische Element ganz anders, als der Koran es tut. Goethe bezieht sich ja wohl ganz allgemein auf die menschliche Einbildung, während der Koran konkret auf die Schwäche der Hoffnungen der Götzendiener hinweist.

AZ-ZUMAR 39:30

Im Gedicht „Höchste Gunst" aus dem „Buch der Betrachtungen" schreibt Goethe:

„...Niemand diente zweien Herren,
Der dabei sein Glück gefunden..."

Dies entspricht dem folgenden Koranvers:
„Als Gleichnis stellte Allah einen Mann auf, der Gefährten hat, die im Widerspruch miteinander stehen, und einen Mann, gänzlich ergeben einem anderen Mann. Sind diese etwa einander gleich?..." [194]

Auch in der Sure 12:39 richtet der Prophet Jussuf (Josef) entsprechende Worte an seine beiden Mitgefangenen, denen er ihre Träume gedeutet hatte:
„O meine Kerkergenossen, sind Herren, geteilt untereinander, besser als Allah, der Einige, der Allmächtige?"

FUSSILAT 41:34

In diesem Koranvers ist Goethe möglicherweise das Gegensatzpaar „Feind-Freund" begegnet, daß er - allerdings unter anderen Gesichtspunkten - in seinem Vierzeiler „Was klagst Du über Feinde?" im „Buch der Sprüche" verwendet:

„Was klagst Du über Feinde?
Sollten solche je werden Freunde,

---

[193] Sure 29:40.
[194] Sure 39:30.

Denen das Wesen, wie Du bist,
Im Stillen ein ewiger Vorwurf ist? "

„Und nicht ist gleich das Gute und das Böse. Wehre (das Böse) ab mit dem Besseren, und siehe, der, zwischen dem und dir Feindschaft war, wird sein gleich einem warmen Freund." [195]

AD-DUCHAN 44:54

In diesem Koranvers ist die Rede von den sogenannten „Paradiesjungfrauen" (Arabisch: „huri"):
„Und wir vermählen sie mit dunkeläugigen huris..." [196]
Goethe benutzt die Figur der „huri" an zahlreichen Stellen im West-östlichen Divan, insbesondere im „Buch des Paradieses", so in den Gedichten „Berechtigte Männer", „Einlass", „Anklang" und auch im „Buch Suleika", wo es heißt:

„Merke wohl, du hast uns eine
Jener Huris vorgeheuchelt!
Mag schon sein! Wenn es nur keine
Sich auf dieser Erde schmeichelt. "

AL-AHQAF 46:35

In seinem „Buch der Sprüche" verwendet Goethe einige Elemente, die an den Koran erinnern:

„Was wird mir jede Stunde so bang?
Das Leben ist kurz, der Tag ist lang. "

Im Koran finden sich die Begriffe „Stunde", „Leben" und „Tag" an mancherlei Stellen ebenfalls in einen Zusammenhang gestellt. Dabei geht es um das „Leben dieser Welt" - das „kurz" ist - , die „Stunde des Weltenendes" und

---

[195] Sure 41:34.
[196] Sure 44:54.

den „Tag der Auferstehung" mit dem Gericht, der „lang" ist. So heißt es z.B. in Sure 46:35:

„...denn am Tage wo sie kommen vors verheißene Gericht, wähnen sie der Tag sei nur eine Stunde..." [197]

Auch das „Fliehen", das Goethe im selben „Spruch" wenige Zeilen später einbringt, findet sich im Koran im Zusammenhang mit der „Stunde" des Weltenendes und dem Tag der Auferstehung:

„Am Tage, wo der Mann flieht vor seinem Bruder, vor seinem Vater, seiner Mutter, seinem Freund, seinem Sohne..." [198]

Bei Goethe heißt es vom sich sehnenden Herz:

„Fort aber will es hin und hin
Und möchte vor sich selber fliehn. "

AN-NADSCHM 53:13-16

Diese Verse des Korans berichten vom Erlebnis des Propheten Muhammad (s), als er den Engel Gabriel „ein andermal" - nämlich bei seiner „Himmelsreise" (Arabisch: mi'radsch) - „bei dem Lotosbaum" sah:

„Und wahrlich, er sah ihn ein andermal,
Bei dem Lotosbaum, über den kein Weg,
neben dem Garten der Wohnung.
Da den Lotosbaum bedeckte, was da bedeckte..." [199]

In Goethes Divan-Gedicht „Berechtigte Männer" im „Buch des Paradieses" ist ebenfalls die Rede von der „Himmelsreise", vom Weisheitsbaum und von anderem Pflanzenwuchs, eben wie in Gärten:

„Als das Wunderpferd mich augenblicklich
Durch die Himmel alle durchgeführt...
Weisheitsbaum an Baum, zypresseragend,
Heben Äpfel goldner Zier empor,

---

[197] Sure 46:35, nach J. v. Hammer, Fundgruben des Orients IV, Wien 1814, 73.
[198] Sure 80:34, nach J. v. Hammer, Fundgruben des Orients II, Wien 1811, 32.
[199] Sure 53:13-16.

Lebensbäume, breite Schatten schlagend,
Decken Blumensitz und Kräuterflor. "

Die Motivübernahme ist deutlich erkennbar, auch wirken hier die Paradiesbeschreibungen des Korans als „Gärten" nach. Das Vorbild ist hier eindeutig Sure 56:27 ff.:
„Unter dornenlosem Lotos und Akazien mit Blütenschichten und weitem Schatten... und auf erhöhten Polstern..."
Verstärkt wurde dies alles aber noch durch andere Berichte aus der orientalischen Literatur, denen die sira (Lebensgeschichte des Propheten Muhammad (s)) bzw. ahadith (Worte des Propheten) zugrunde liegen, denn nur dort - und nicht im Koran - wird ausdrücklich von „Buraq", dem „Wunderpferd" gesprochen, das den Propheten auf Flügeln durch die Lüfte getragen hat. [200]

AR-RAHMAN 55
Nicht im Divan, aber im Nachlaß, findet sich das längere Gedicht *„Wo man mir Guts erzeigt überall's ist eine Flasche Eilfer...".* Es ist eine Nachbildung von Sure 55 des Korans. Da es sich um ein Lob des Weines handelt, ist das aus muslimischer Sicht milde gesagt eine Geschmacklosigkeit Goethes, was dieser vielleicht selbst erkannte und deshalb diese Parodie nicht in den Divan aufnahm. Das Besondere an Sure 55 ist, daß in ihr nahezu jede zweite Zeile lautet: „Und welche Wohltaten eures Herrn wollt ihr leugnen?" Goethe setzt dementsprechend *„Guts"* als „Wohltat", nämlich den Wein, und erwähnt in jeder zweiten Zeile seines Gedichtes den *„Eilfer",* d.h. den Wein aus dem Jahrgang 1811, der als besonders gut angesehen wurde. Das Ende des Gedichts lautet:

„Drum eil' ich in das Paradies,
Wo leider nie vom Eilfer
Die Gläub'gen trinken. Sei er süß,
Der Himmelswein! Kein Eilfer..."

---

[200] Vgl. dazu auch den nachfolgenden Abschnitt über die Sunna.

In der Sure 55 bildet mit den Versen 46-78 ebenfalls der Hinweis auf das Paradies den Abschluß. Übrigens zitiert Katharina Mommsen diese Koran-Verse nach v. Hammer [201] als Beispiel einer Übertragung, die „kaum die entfernteste Ahnung" von der Wirkung der Verse im eigentlichen Koran vermittelt. Dabei macht sie aber nicht auf den hier geschilderten Zusammenhang mit Goethes Gedicht aufmerksam, das sie auch sonst nicht erwähnt hat.[202]

In einer ursprünglichen und längeren Fassung dieses Gedichtes im Nachlaß Eckermanns enthält es vor der abschliessenden Erwähnung des Paradieses auch die der Hölle: „Eilig steig ich zum Hades hinab..." [203]

Ebenso enthält die Sure 55 vor der Paradiesschilderung (Verse 46-78) eine Erwähnung der Hölle in den Versen 43 und 44. Das von Goethe entlehnte Motiv des „Himmelsweines" stammt übrigens nicht aus Sure 55, sondern vermutlich aus der oben erwähnten Sure 56:18 ff. (oder 37:45 ff. u.a.m.)

AL-WAQI'A 56:28-34

Die Entlehnung dieser Paradiesbeschreibung durch Goethe wurde schon oben bei AN-NADSCHM 53:13-16 angeführt.

AT-TAHRIM 66:11-12

An dieser Stelle erwähnt der Koran in zwei unmittelbar aufeinander folgenden Versen die Frau des Pharao und die Mutter Jesu:

„Und es stellt Allah ein Gleichnis für die Gläubigen auf: Die Frau Pharaos, als sie sagte: Mein Herr, baue mir bei Dir ein Haus im Paradies und rette mich vor Pharao und seinem Tun und rette mich vor dem Volk der Ungerechten.
Und Marjam, Imrans Tochter, die ihre Scham hütete, darum hauchten Wir Unseren Geist in sie, und sie glaubte an die Worte ihres Herrn und seine Schriften und war eine der Demütigen." [204]

---

[201] Fundgruben des Orients IV, Wien 1814, 79-80.
[202] Mommsen, Katharina: Goethe und die arabische Welt, Frankfurt 1988, 340.
[203] Burdach, Konrad: Goethes Ghasel auf den Eilfer in ursprünglicher Gestalt 3 ff. in: Geiger, Ludwig (Hg.): Goethe-Jahrbuch 11, Frankfurt 1890, 3-18.
[204] Sure 66:11-12.

Es ist unschwer zu erkennen, daß diese Stelle das Vorbild für Goethes Gedicht „Auserwählte Frauen" im „Buch des Paradieses" darstellt. [205] Auch hier ist unmittelbar aufeinander folgend die Rede von der Frau des Pharaos, in der volkstümlichen Überlieferung - nicht im Koran - „Suleika" genannt, und von der Mutter Jesu:

„Erst Suleika, Erdensonne,
Gegen Jussuph ganz Begierde,
Nun, des Paradieses Wonne,
Glänzt sie, der Entsagung Zierde.

Dann die Allgebenedeite,
Die den Heiden Heil geboren
Und getäuscht, in bitt'rem Leide,
Sah den Sohn am Kreuz verloren."

Goethes Gedicht „Auserwählte Frauen" behandelt in zwei weiteren Versen ausserdem noch die Frau und die Tochter des Propheten, so daß hier auch ein Bezug zu Aussprüchen des Propheten Muhammad (s) zu sehen ist, in denen von vier „auserwählten" Frauen die Rede ist. Schon Wurm hat in seinem „Commentar" diesen Zusammenhang aufgezeigt: „Suleika scheint nur von dem westlichen Dichter vor andern Frauen ins Paradies versetzt worden zu sein. Nach dem Glauben der Morgenländer waren die vorzüglichsten Frauen Maria, Fatima, Chadidscha und Ajescha oder statt der letztern Asia.
Wie es scheint, so war Mahomet über die Massen mit Liebe gegen seine Tochter Fatima und seine Ehefrau Chadigha eingenommen, wie solches, nach des Abulfeda Bericht, aus seinen folgenden Worten erhellt: Unter den Mannspersonen sind ihrer viel berühmt gewesen, unter den Weibspersonen sind keine vollkommen befunden worden als folgende vier: nämlich Asiah, des Faroos Weib (welche Moses erzogen und den Glauben an Einen Gott angenommen hat); Mirja, des Amrans Tochter (Mirjam ist Maria, nach dem Koran Amrans Tochter p.45); Chadigha, des

---

[205] Vgl. dazu oben AN-NISAA 4:157.

Chowaileds und Fatima, des Mahomets Tochter. Dappers Asia p.472." [206]

AL-ALAQ 96:3-5
Goethe spricht im nachstehende Divan-Gedicht aus dem „Buch des Sängers" vom „Schreibe-Rohr":

„Tut ein Schilf sich doch hervor,
Welten zu versüßen!
Möge meinem Schreibe-Rohr
Liebliches entfließen."

Das unmittelbare Vorbild hierzu ist der orientalische Dichter Hafis. [207] Es sei hier darauf hingewiesen, daß natürlich das „Schreibe-Rohr" aus Schilf dem Orient entstammt, während es im Abendland eine „Schreibfeder" hätte sein müssen. Vom „Schreibe-Rohr" spricht deshalb auch der Koran, und zwar in den ersten überhaupt geoffenbarten Worten, die am Anfang der Sure 96 stehen, und auf die wohl Hafis Bezug nimmt:
„Lies, denn dein Herr ist allgütig, der die Feder gelehrt,
Gelehrt den Menschen, was er nicht gewußt." [208]
Das arabische Wort „qalam" - eben „Schreibe-Rohr" - wird aber in Übersetzungen meist als „Feder" wiedergegeben, so auch durch J. v. Hammer in „Die letzten vierzig Suren":
„der Mensch lernte die Feder gebrauchen auf sein Geheiß". [209]
Entsprechend wird auch das Wort „Feder" in der Hammer'schen Übersetzung von Sure 68:1 herangezogen: „Es schwört der Herr bei der Feder, und bei dem, was die Engel schreiben..." [210]

---

[206] Wurm, Ch.: Commentar zu Göthes west-östlichem Divan, Nürnberg 1834, 266.
[207] Fundgruben des Orients I, Wien 1809, 69.
[208] Sure 96:3-5.
[209] Sure 96:4 in: Fundgruben des Orients II, Wien 1811, 42.
[210] Sure 68:1 in: Fundgruben des Orients IV, Wien 1814, 100.

ASR 103:1-2

Ein letztes koranisches Spurenelement mag der Hinweis auf die „verderbliche" Wirkung der Zeit im Gedicht „Bedenklich" aus dem „Buch der Liebe" sein, wo Goethe schreibt:

„Allem ist die Zeit verderblich, Sie erhalten sich allein..."
- gemeint sind dabei die „freien Lieder". In der Sure „Die Zeit" spricht der Koran davon, daß der Mensch verloren ist, außer denen, die glauben und Gutes tun: „Bei der Zeit, Siehe, der Mensch ist wahrlich verloren..."[211]

Vielleicht war auch hier Hafis der Vermittler, und es handelt sich dann nur um eine sekundäre koranische Auswirkung, denn J v. Hammer übersetzt in „Die letzten vierzig Suren" das arabische Wort „'asr" mit „Nachmittagsstunde": „Ich schwöre bei der Nachmittagsstunde..."[212] In der Arnold'schen Koranübersetzung nach Sale heißt es ganz ähnlich „Bei dem Nachmittag...", doch merkt Arnold hierzu an: „...Das Originalwort bedeutet auch das Alter oder die Zeit überhaupt."[213] Für einen direkten Einfluß spricht zudem die Verwendung der „Einschränkung" - bei Goethe vergeht alles, außer den Liedern, im Koran alles außer Glaube und rechte Tat.

Die beiden folgenden koranischen Spurenelemente sind zwar nicht im West-östlichen Divan selbst zu finden, aber doch im Zusammenhang damit zu sehen. Sie seien deshalb an dieser Stelle noch ergänzend aufgeführt:

AL-KAHF 18:23-24

An dieser Stelle im Koran wird der Prophet Muhammad (s) - und mit ihm jeder Muslim - zu den auch Nichtmuslimen geläufigen Worten „inscha'llah - so Gott will" veranlaßt:
„Und sprich von keiner Sache: ‚Siehe, ich will das morgen tun', es sei denn (du setzt hinzu): ‚So Allah will!'"[214]

---

[211] Sure 103:1-2.
[212] Fundgruben des Orients II, Wien 1811, 44.
[213] Arnold, Theodor: Der Koran..., Lemgo 1746, 684.
[214] Sure 18:23-24.

Diese koranische Redewendung „So Allah will - inscha'llah" verwendet Goethe im Briefkonzept vom 16. Mai 1815 an seinen Verleger Cotta, dem er die Veröffentlichung des „West-östlichen Divan" vorschlägt:

„Herr von Hammer hat ein ausführliches Manuscript über p e r s i s c h e L i t e r a t u r nach Göttingen gesendet, wovon Ew. Wohlgeb. wahrscheinlich Kenntniß haben. Vielleicht wäre der Verlag eines so gelehrten, aber nur für einen kleinen Kreis interessanten Werks ehr zu übernehmen, wenn in einem allgemein lesbaren und, will's Gott! anziehenden deutschen Dichterwerke, jene abgeschiedene fremde Gestalten charakteristisch neu belebt, gleichsam im Spiegel gezeigt würden... " [215]

Goethe mag das „inscha'llah" aus der orientalischen Literatur gekannt haben, vielleicht sogar aus „1001 Nacht", die er ja, wie K. Mommsen ausführlich geschildert hat, häufig benutzte. [216] Es ist aber auch nicht auszuschließen, daß er das „will's Gott!" direkt aus dem Koran genommen hat, denn die besagte Stelle Sure 18:24 steht im Koran unmittelbar am Ende der Passage über die „Siebenschläfer", über die Goethe ja auch im West-östliche Divan gedichtet hat. [217] In den Koranauszügen in den „Fundgruben des Orients" ist sie zwar nicht aufgeführt, [218] aber Goethe mag sie aus der Sale/Arnold'schen Koranübersetzung gekannt haben, die er schon früher benutzt hatte.

AL-KAUTHAR 108:1

„Wahrlich, Wir haben dir Überfluß gegeben..." [219]

Dieser Koranvers, an den Propheten Muhammad (s) gerichtet, spricht davon, daß Allah ihm „Überfluß" - Arabisch: kauthar - gegeben hat. Das Wort „kauthar" wird von vielen Koranauslegern auch erklärt als der Name einer Quelle im Paradies. Hierauf bezieht sich Goethe in seinem Brief vom 18. Mai 1818 an Graf Uwarow, dem er zum West-östlichen Divan erläuternd mitteilt:

„In schrecklichen und unerträglichen Zeiten, denen ich persönlich nicht entfliehen konnte, floh ich in jene Gegenden, wo mein Schatz und auch mein Herz

---

[215] WA IV, 25, 415-6.
[216] Mommsen, Katharina: Goethe und 1001 Nacht, Frankfurt 1981.
[217] Vgl. oben unter AL-KAHF 18:8-25.
[218] Fundgruben des Orients III, Wien 1813, 231-61.
[219] Sure 108:1.

ist. Nur kosten und nippen konnt ich an Kewsers Quelle, wobei denn doch eine wünschenswerte Verjüngung erreicht ward. "[220]

Die Quelle „al-kauthar" (in Goethes Schreibweise „Kewser") als Jungbrunnen mag Goethe ebenfalls in den Märchen aus 1001 Nacht oder in der orientalischen Dichtung begegnet sein.

Hiermit ist die zweifellos ansehnliche Auflistung der Spurenelemente aus dem Koran in Goethes Werk und Leben zunächst beendet, und wir wenden uns nun der zweiten Quelle zu, aus der Goethe hinsichtlich seiner islamischen Anregungen geschöpft hat, nämlich der „sunna". Am Rande sei bemerkt, daß es sich bei der folgenden Zusammenstellung wohl um den ersten systematischen Versuch handelt, der bisher gemacht wurde, die Verbindung zwischen der „sunna" des Propheten Muhammad (s) und dem Werk Goethes darzustellen.

SPURENELEMENTE AUS DER SUNNA IM WEST-ÖSTLICHEN DIVAN

Das Wort „sunna" bedeutet in etwa „die vorbildliche Lebensweise", und es bezeichnet das Vorbild des Propheten Muhammad (s), der durch sein Verhalten und durch Anweisungen und Bemerkungen den Muslimen die praktische Umsetzung des im Koran geoffenbarten Gotteswortes vor Augen geführt hat. Einen solchen überlieferten Bericht über Worte bzw. Handlungen des Propheten bezeichnet man als „hadith" (Mz. ahadith).

Als Hauptzugang hat Goethe vorgelegen die „Auszüge aus der Sunna oder der mündlichen Überlieferung Mohammeds", die wiederum der öster-reichische Orientalist Josef von Hammer-Purgstall in den „Fundgruben des Orients" veröffentlichte. [221] In der Überschrift und an verschiedenen Stellen heißt es dort irrtümlich "Sura" statt "Sunna". Es handelt sich dabei um eine Auswahl von 700 ahadith auf der Grundlage eines Manuskriptes der bekannten Sammlung von al-Buchari. Die Übersetzung ist keineswegs fehlerfrei, aber sie hat Goethe in komprimierter Form einen Ausschnitt aus diesem umfassenden islamischen Wissensbereich vorgestellt. Wenn er auch gelegentlich in anderen Schriften, wie z.B. den Biographien des Propheten, die er las, Hinweise auf

---

[220] WA IV, 29, 176.
[221] Fundgruben des Orients I, Wien 1809, 144-88; 277-316.

die sunna gefunden haben mag, steht doch außer Zweifel, daß die „Auszüge aus der Sunna…" für ihn das wesentliche Material gewesen ist, bei dem er für die Gedichte zum West-östlichen Divan Anleihen gemacht hat. In einigen Fällen ist dies sehr deutlich, sogar eindeutig, erkennbar, in anderen nur anzunehmen. Die deutlichen Beispiele seien im Folgenden vorgestellt. Beim Zitieren ist im Allgemeinen der Wortlaut der v. Hammer'schen Übersetzung beibehalten, wie er ja auch Goethe vorgelegen hat. Auch die Anordnung entspricht der Reihenfolge in den „Auszügen aus der Sunna…".

GRUSS DES UNBEKANNTEN

„Gebet Speise und Gruß, denen, die ihr kennt, und die euch nicht kennen." Ebenso: „Du speisest und grüßest am besten, sagte der Prophet, denjenigen, der dich nicht kennet, den aber du kennst." [222]

Der Rat des Propheten Muhammad (s), jeden, auch den Unbekannten, zu grüßen, ist auf vielfältige Weise überliefert:

„Von Abdullah b. Umar: Ein Mann fragte Allahs Gesandten: ‚Was vom Islam ist am besten?' Er antwortete: ‚Nahrung zu geben und den Friedensgruß dem zu sagen den du kennst und dem, den du nicht kennst.'" (Buchari, Muslim) [223]

„Von Abu Umamah: Allahs Gesandter hat gesagt: ‚Von den Menschen ist Allah am nächsten, wer zuerst mit dem Friedensgruß beginnt.' (Abu Dawud) [224]

Im „Buch der Betrachtungen" des West-östlichen Divan findet sich das Gedicht „Den Gruß des Unbekannten ehre ja!", das mit dieser Zeile beginnt und mit den Worten endet:

„Der erste Gruß ist viele tausend wert,
Drum grüße freundlich jeden, der begrüßt."

Dieses Gedicht wurde am 11. Juli 1819 in Jena verfaßt, wo Goethe Gneisenau traf, der ihn auf eine Jahre zurückliegende Begegnung aufmerksam machte, die Goethe nicht in Erinnerung geblieben war.

---

[222] Fundgruben des Orients I, Wien 1809, 149, Nr. 2; 311, Nr. 656.
[223] Denffer, Ahmad v.: Ein Tag mit dem Propheten, Leicester 1981, 52, Nr. 81.
[224] Denffer, Ahmad v.: Ein Tag mit dem Propheten, Leicester 1981, 52, Nr. 82.

DIE NACHT AL-QADR

„Wer in der Nacht Kadr aufsteht des Glaubens und der Rechenschaft willen, erhält Verzeihung seiner vorhergehenden Sünden." Ebenso: „Wer in der Nacht Kadr aufsteht mit Glauben und Bereitwilligkeit Rechenschaft zu geben, dem wird verziehen." [225]

Die Nacht „al-qadr" (Nacht der Bestimmung), von welcher der Koran in der Sure 97 spricht, ist die Nacht der ersten Offenbarung des Korans. Goethe erwähnt sie in seinen „Noten und Abhandlungen" zum Abschluß des Abschnittes „Künftiger Diwan":

„ Und was sollte den Dichter hindern, Mahomets Wunderpferd zu besteigen und sich durch alle Himmel zu schwingen? Warum sollte er nicht ehrfurchtsvoll jene heilige Nacht feiern, wo der Koran dem Propheten von obenher gebracht ward?" [226]

Der Hinweis auf das „Wunderpferd" bezieht sich auf die sogenannte „Himmelsreise" des Propheten Muhammad (s), über die in den Prophetenbiographien ausführlicher berichtet wird. Der Koran bezieht sich in den Suren 17:1 und 53:13-16 darauf. [227]

DIE NACHT DER HIMMELSREISE

„Ich war in Mekka auf der Terrasse meines Hauses, da erschien mir Gabriel... Dann nahm er mich bei der Hand und führte mich gegen Himmel..." Ebenso: „Ich sah in der Nacht meiner Himmelfahrt den Propheten Moses..." Auch: „In der Nacht meiner Himmelfahrt kam Moses zu mir..." [228]

Auf die „Himmelsreise" (al-mi'radsch) des Propheten Muhammad (s) bezieht sich Goethe im „Buch des Paradieses" des West-östlichen Divans in den Gedichten „Berechtigte Männer" und „Anklang":

„Als das Wunderpferd mich augenblicklich

---

[225] Fundgruben des Orients I, Wien 1809, 151, Nr. 20; 173, Nr. 226.
[226] Noten und Abhandlungen, WA I, 7, 153.
[227] Siehe nachstehend sowie oben unter AN-NADSCHM 53:13-16.
[228] Fundgruben des Orients I, Wien 1809, 155, Nr. 65; 187, Nr. 359; 281, Nr. 402.

Durch die Himmel alle durchgeführt... " -
„Andere mit Geistes Flug und Lauf
Wie das Flügelpferd des Propheten,
Steigen empor... " -
Als der Prophet durch alle Himmel fuhr,
Da paßten wir auf seine Spur;
Rückkehrend hatt' er sich sich's nicht versehen,
Das Flügelpferd, es mußte stehen... "

Auch in den „Noten und Abhandlungen" erwähnt Goethe, wie oben angeführt, die Himmelsreise und das „Wunderpferd", das in der islamischen Tradition den Namen „al-buraq" trägt und als ein pferdartiges Wesen mit Flügeln beschrieben ist.

HIMMLISCHE BÄUME

„So verließ ich den Moses und setzte meinen Weg fort bis an sidrutalmunfosa den himmlischen Lotosbaum von mannigfaltigen wunderbaren Farben strahlend. Der Sand war Perlen, die Erde Moschus umher." [229]

Dies ist der Abschluß des ersten Textes über die „Himmelsreise" des Propheten Muhammad (s) in den „Auszügen aus der Sunna..."

In Goethes Gedicht „Berechtigte Männer" im „Buch des Paradieses" ist, ebenfalls im Zusammenhang mit der „Himmelsreise", die Rede von himmlischen Bäumen, speziell dem Weisheitsbaum:

„Als das Wunderpferd mich augenblicklich
Durch die Himmel alle durchgeführt...
Weisheitsbaum an Baum, zypresseragend,
Heben Äpfel goldner Zier empor,
Lebensbäume, breite Schatten schlagend,
Decken Blumensitz und Kräuterflor. "

---

[229] Fundgruben des Orients I, Wien 1809, 156, Nr. 65.

Möglicherweise ist dies auch mit beeinflußt von der Koransure 53:14- 16, von der bereits oben die Rede war.

GEBET IN DER NACHT

„Wohl dem Diener Gottes, der die Nacht hindurch betet, und nur wenig schläft." Ebenso: „Der Prophet pflegte öfters Nachts aufzustehen und zu beten." Auch: „Wenn er sonst bei Nacht wach war, pflegte er zu sagen: ‚Gott! Lob dir, du bist das Licht der Himmel und der Erde und dessen, was darinnen ist...' [230] Zwischen dem Bericht über die Praxis des Nachtgebets des Propheten Muham-mad (s) und den folgenden Zeilen des Goethe-Gedichtes „Sommernacht" im „Schenkenbuch" des West-östlichen Divan besteht nach Ansicht des Germanisten Momme Mommsen [231] ein Zusammenhang:

„Und da wird es Mitternacht sein,
Wo du oft zu früh ermunterst,
Und dann wird es eine Pracht sein,
Wenn das All mit mir bewunderst."

IM ISLAM LEBEN UND STERBEN WIR ALLE

„Jedes Kind wird mit der Anlage der natürlichen Kenntnis geboren, dann machen die Väter einen Juden, Christen oder Magier daraus... Die natürliche Anlage aber, die Gott dem Menschen gegeben, wird nicht verwandelt. Dies ist die rechte bestehende Religion." [232]

In das „Buch der Sprüche" des West-östlichen Divans hat Goethe den folgenden außergewöhnlichen Vierzeiler platziert:

„Närrisch daß jeder in seinem Falle
Seine besondere Meinung preist!
Wenn I s l a m Gott ergeben heißt,
Im Islam leben und sterben wir alle."

---

[230] Fundgruben des Orients I, Wien 1809, 165, Nr. 146; 312, Nr. 666; 312, Nr. 667.
[231] Mommsen, Momme: Studien zum West-östlichen Divan, Berlin 1962, 55 ff.
[232] Fundgruben des Orients I, Wien 1809, 168, Nr. 178.

Bemerkenswerterweise ist dies die einzige Stelle, an der Goethe in den Gedichten des West-östlichen Divans das Wort „Islam" einmal verwendet. Trotzdem hat sich über den Hintergrund dieses Vierzeilers die Goetheforschung bisher ausgeschwiegen. Katharina Mommsen, die ihn in ihrer letzten Veröffentlichung wohl vier Mal erwähnt, sagt auch nichts über die Entstehung oder die Quelle. Eine eindeutige Datierung für das Gedicht gibt es scheinbar nicht. Nach einer Angabe soll es „vor dem 16. Januar 1815" entstanden sein.[233]

Der eigentliche Ansatzpunkt ist wohl der Artikel „Eslam" der „Orientalischen Bibliothek" von Herbelot. Minor verweist stattdessen auf Oelsner's „Mohamed".[234] Den Oelsner hatte Goethe vom 23.2. bis 6.5.1815 entliehen,[235] und wohl ab dem 23. Februar 1815 gelesen.[236] Den Herbelot hatte Goethe vom 22. Dezember 1814 bis zum 22. Mai 1815 ausgeliehen.[237] In besagtem Artikel wird der Begriff „Eslam" zunächst wie folgt erläutert:

„Dieß Wort bedeutet eine gänzliche Unterwerfung und Ergebung des Leibes und der Seele an Gott..."[238]

Der Zusammenhang mit der dritten Zeile des Goethe-Gedichtes „*Wenn Islam Gott ergeben heißt*" ist deutlich erkennbar: „Dieses Wort (Islam)... bedeutet... Ergebung... an Gott."

Nun kommt aber noch hinzu, daß es bei Herbelot im selben Artikel nur wenige Zeilen später heißt, die Muslime „sagen sogar, alle Menschen würden im Islamismus geboren."[239] Dies betrifft den Gedanken in der vierten Zeile des Goethe-Gedichtes: „Im Islam leben... wir alle."

Das „Sterben" hat Goethe offensichtlich hinzugefügt, vielleicht ohne weitere

---

[233] Mommsen, Katharina: Goethe und die arabische Welt, Frankfurt 1988, 157; 250, Anm. 2; 264; 281.

[234] Oelsner, K.E.: Mohamed, Frankfurt 1810, vgl. Minor J.: Goethes Mahomet. Ein Vortrag, Jena 1907, 63.

[235] Keudell, Elise von u. Deetjen, Werner: Goethe als Benutzer der Weimarer Bibliothek. Ein Verzeichnis der von ihm entliehenen Werke, Weimar 1931, Nr. 970.

[236] Vgl. Tagebuch WA III, 5, 151.

[237] Keudell, Elise von u. Deetjen, Werner: Goethe als Benutzer der Weimarer Bibliothek. Ein Verzeichnis der von ihm entliehenen Werke, Weimar 1931, Nr. 945-6.

[238] Herbelot, Bartholom. d': Orientalische Bibliothek, Halle 1787, II, 342.

[239] Herbelot, Bartholom. d': Orientalische Bibliothek, Halle 1787, II, 343.

Anregung, vielleicht auch durch ein Prophetenwort wie das folgende, das er in den „Auszügen aus der Sunna..." gelesen haben muß:

„Beim Schlafengehen pflegte der Prophet zu sagen: in deinem Namen o Gott! leb ich und sterb ich." [240]

Die beiden ersten Zeilen „Närrisch, daß jeder in seinem Falle Seine besondere Meinung preist" sind offensichtlich die „Antwort" Goethes auf diese Aussage, daß doch „alle Menschen im Islamismus geboren" sind. Das obige Wort des Propheten Muhammad (s) „Jedes Kind wird mit der Anlage der natürlichen Kenntnis geboren..." erläutert sowohl, daß die „natürliche Anlage" (Arabisch: al-fitrah) „die rechte bestehende Religion" ist, also der Islam. Dies ist ja auch das übliche muslimische Verständnis dieser Frage. Das Prophetenwort erwähnt außerdem beispielhaft Vertreter von „besonderen Meinungen", nämlich „Juden, Christen oder Magier". Somit läßt sich auch nachvollziehen, wie Goethe dazu kommt, in seinem Vierzeiler dem Islam als Gottergebenheit die jeweils „besondere Meinung" gegenüberzustellen, die „jeder in seinem Falle", also im Falle, daß er Jude, Christ, Magier oder sonst etwas ist, preist.

Den ersten Band der „Fundgruben des Orients", der die „Auszüge aus der Sunna..." mit dem obigen Prophetenwort enthält, [241] hatte Goethe ebenfalls zu dieser Zeit entliehen, nämlich vom 25. Januar 1815 bis zum 16. Mai 1815, als er auch die „Orientalische Bibliothek" mit dem Artikel „Eslam" konsultierte. Es paßt also alles zusammen.

VERBIRG DEIN GOLD, DEINEN WEG UND DEINE SEKTE

Den Gedanken, daß Verschwiegenheit zur eigenen Sicherheit beiträgt, bringt Goethe im „Buch der Sprüche" des West-östlichen Divans folgendermaßen zum Ausdruck:

„Soll man dich nicht auf schmählichste berauben,
Verbirg dein Gold, dein Weggehn, deinen Glauben."

Auf die Quelle, aus der Goethe hier geschöpft hat, verwies schon Wurm in

---

[240] Fundgruben des Orients I, Wien 1809, 312, Nr. 665.
[241] Fundgruben des Orients I, Wien 1809, 168, Nr. 178.

seinem „Commentar".[242] Die „Fundgruben des Orients" enthalten, unter den „Proben der Übersetzung des Mesnevi Dschelaleddin's Rumi von Hrn. V. Hussard"[243] die Zeilen:

„Wer sein Geheimnis hält, sagt der Prophet,
der wird auch sein Verlangen bald erreichen."

Dazu vermerkt eine Fußnote: „Nach der Überlieferung Verbirg dein Gold, deinen Weg und deine Sekte".[244] Zwar ist damit noch nicht belegt, daß die Rumi-Stelle tatsächlich auf der angeführten Überlieferung beruht, doch läßt sich leicht erkennen, daß Goethe diese zur zweiten Zeile seines Spruches verwendet hat. Das mit „Sekte" wiedergegebene arabische Wort ist „madhab", d.h. eigentlich „Rechtsschule", und der Gedanke ist demnach, daß man, um Neidern und Dieben zu entgehen, sein Vermögen und seinen Reiseweg nicht offenlegt und ebenso nicht seine „Rechtsschule", welcher man anhängt, um Kontroversen zu vermeiden. Dies alles deutet darauf hin, daß es sich hierbei wohl um eine „Überlieferung" aus späterer Zeit handelt, in welcher „Rechtsschulen" oder „Sekten" schon zu Kontroversen führten, und nicht um ein authentisches Prophetenwort. Jedenfalls war es in den anerkannten Sammlungen nicht aufzufinden.

GOTT HAT NEUN UND NEUNZIG NAMEN

Goethe erwähnt „Allahs Namenhundert" am Ende des Gedichtes „In tausend Formen..." im „Buch Suleika" des West-östlichen Divans:

*„Und wenn ich Allahs Namenhundert nenne,
Mit jedem klingt ein Name nach für dich."*

Dieses Gedicht beschreibt die Geliebte mit verschiedenen Attributen, die durch das Voranstellen der Silbe „All-" den hundert Namen Allahs entsprechen sollen, die Goethe im Beitrag „Über die Talismane der Moslimen" in den

---

[242] Wurm, Ch.: Commentar zu Göthes west-östlichem Divan, Nürnberg 1834, 146.
[243] Fundgruben des Orients IIII, Wien 1813, 339-347.
[244] Dazu auch arabischer Text, Fundgruben des Orients IIII, Wien 1813, 346, Anm.1.

"Fundgruben des Orient" fand.[245] Das hiermit verbundene Prophetenwort lautet: „Gott hat neun und neunzig Namen: Wer sie weiß, geht ins Paradies ein.“ [246] In Sure 7:180 spricht auch der Koran von den „schönsten Namen“ Allahs.[247]

SIND NICHT UNSERE ERSCHLAGENEN IM PARADIES?

In den „Auszügen aus der Sunna…“ findet sich folgende Episode, in welcher vom jenseitigen Leben der Muslime und ihrer Gegner die Rede ist:

„Am Tag Hodaiba's sprach Omar zum Propheten: ''O Gottgesandter!... Sind nicht unsere Erschlagenen im Paradies, und die ihrigen im ewigen Feuer?' - ‚Ja!‘“ [248]

Mit derselben Gegenüberstellung der muslimischen Toten im Paradies und der Toten des Feindes in der Hölle eröffnet Goethe sein Gedicht „Berechtigte Männer“ im „Buch des Paradieses“ des West-östlichen Divans:

„Seine Toten mag der Feind betrauern:
Denn sie liegen ohne Wiederkehren;
Unsre Brüder sollt ihr nicht bedauern:
Denn sie wandeln über jenen Sphären. “

Dabei platziert Goethe diese Szene „nach der Schlacht von Bedr“, das wäre das Jahr 2 der Hidschra (624), während im obigen Bericht von Hudaibija, also dem Jahr 6 der Hidschra (628) die Rede ist. Allerdings kann Goethe den Hinweis auch aus einem der Bücher über das Leben des Propheten entnommen haben, die er im Zusammenhang mit den Vorarbeiten zum West-östlichen Divan gelesen hatte.

BEHANDELT DIE FRAUEN MIT NACHSICHT

Dieses berühmte Prophetenwort lautet in der von Goethe gelesenen Übersetzung:

---

[245] Fundgruben des Orients IV, Wien 1814, 161 f.
[246] Fundgruben des Orients I, Wien 1809, 182, Nr. 307.
[247] Vgl. oben AL-A'RAF 7:180.
[248] Fundgruben des Orients I, Wien 1809, 185, Nr. 335.

„Behandelt die Frauen mit Nachsicht, denn das Weib ward erschaffen aus einer krummen Ribbe, und die beste von ihnen trägt die Spuren der krummen Ribbe. Wenn du sie gerade machen willst so brichst du sie, und wenn du sie ruhig läßt, so hört sie nicht auf krumm zu sein. Behandelt mit Nachsicht die Frauen." [249]

Das entsprechende Gedicht Goethes, geschrieben am 30.5.1818, steht im „Buch der Betrachtungen" des West-östlichen Divans. Schon beim Lesen der ersten Zeile wird deutlich, daß Goethe sich hier ganz unmittelbar auf den obigen Ausspruch bezieht:

„Behandelt die Frauen mit Nachsicht!
Aus krummer Rippe ward sie erschaffen,
Gott konnte sie nicht ganz grade machen,
Willst du sie biegen, sie bricht;
Läßt du sie ruhig, wird sie noch krümmer;
Du guter Adam, was ist den schlimmer? -
Behandelt die Frauen mit Nachsicht:
Es ist nicht gut, daß euch eine Rippe bricht. "

Von Goethe selbst stammen in diesem Fall also lediglich drei eingestreute Zeilen, diese allerdings mit ganz eigenen Gedanken, die dem Prophetenwort nicht entsprechen: *„Gott konnte sie nicht ganz grade machen, "* - *„Du guter Adam, was ist den schlimmer? "* - *„Es ist nicht gut, daß euch eine Rippe bricht. "*

Hinzu kommt noch die Akzentverschiebung „wird sie noch krümmer" statt „hört sie nicht auf krumm zu sein", d.h. bleibt sie krumm, wie es im Prophetenwort steht. Ansonsten handelt es sich um eine fast wörtliche Wiedergabe des obigen Vorbildes.

DIE BESTEN FRAUEN

Im „Buch des Paradieses" zählt Goethe im Gedicht „Auserwählte Frauen" vier Frauengestalten auf, denen das Paradies schon gewiß ist. Er nennt „Suleika" aus

---

[249] Fundgruben des Orients I, Wien 1809, 278 f., Nr. 389.

der Geschichte des Jussuf, dann die Mutter Jesu, d.h. Maria, die Gattin Muhammads (s), also Khadidscha, und Fatimah, die Tochter des Propheten (s). Als Vorbild aus der sunna haben zweifellos folgende Prophetenworte gedient:

„Viele Männer sind vollkommen, doch von den Weibern ist keine vollkommen als Asia, die Gemahlin Pharaons, und Maria die Tochter Amrans. Aische aber ist unter den Weibern an Vortrefflichkeit wie der Triet unter den Speisen." - „Fatimah ist die Frau der Weiber und Bewohnerinnen des Paradieses." - „Die besten Weiber sind Maria und Chadidsche." [250]

Zwar verweist schon Wurm darauf, daß anders als der weitverbreitete Irrglaube dies behauptet, im Koran auch den Frauen „der Himmel versprochen wird. Sure 43 (Der Goldprunk) p. 501: Gehet ein ins Paradies, ihr und eure Weiber. Sure 48 (Der Sieg) p. 529: So wird er die gläubigen Männer und die gläubigen Weiber einig in Gärten wohnen lassen. Oelsner (oder dessen Übersetzer) bemerkt zu der Schilderung, die er vom Paradies der Mahomedaner gibt p. 55: In diesem ganzen Gemälde ist von dem Glück der Frauen gar nicht die Rede." [251]

Dennoch räumt noch über 150 Jahre später Katharina Mommsen derselben Frage breiten Raum ein. Sie erläutert zunächst das Aufeinanderfolgen der drei Gedichte im „Buch des Paradieses" „Berechtigte Männer", „Auserwählte Frauen" und „Begünstigte Tiere" dahingehend, daß Goethe seinen Widerspruch zur islamischen Paradieslehre habe anmelden wollen, die er hier gewissermassen parodiere. Demnach stünden Frauen und Tiere auf derselben Stufe, weil jeweils vier, aber von den Männern die Vielzahl der Glaubenshelden angeführt werden. Natürlich beruhen Goethes Ansichten hierzu auf den Quellen, die er zum Thema „Frau und Paradies" heranziehen konnte. Manche von ihnen erwähnen wie gerade angeführt, daß vier bestimmte Frauen wie die Frau des Pharaos (vgl. Koran Sure 66:11), Maria, die Mutter Jesus (vgl. Koran Sure 66:12), Khadidscha, die Frau des Propheten (s) und seine Tochter Fatimah „zur Vollkommenheit gelangt wären."

Mommsen gibt zwar zu, daß Goethe einige der Stellen gekannt hat, in denen auch den Frauen das Paradies gewährt wird. Es bleibt dennoch erstaunlich, daß

---

[250] Fundgruben des Orients I, Wien 1809, 281, Nr. 405; 285, Nr. 434; 285, Nr. 440.
[251] Wurm, Ch.: Commentar zu Göthes west-östlichem Divan, Nürnberg 1834, 264 f.

Goethe bei seinem doch scheinbar so tiefen Eindringen in den Koran gerade diejenigen Passagen entgangen sein sollten, aus denen die wahre islamische Lehre hierzu entnommen werden kann, wie beispielsweise:

„Siehe, die muslimischen Männer und Frauen... Allah hat ihnen Verzeihung und gewaltigen Lohn bereitet." [252]

Die Auffassung, daß Goethe's Ansichten auf Grund der ihm zur Verfügung stehenden Sekundärliteratur beruhen, ist einleuchtend. So nennt Wurm auch Oelsner (oder dessen Übersetzer) als einen verantwortlichen Autor für das falsche Bild vom islamischen Paradies und der Rolle der Frau. Mommsen versucht Goethe's Auffassung aber auch noch damit zu erklären, daß es Goethe nicht entgangen war, „wie vage im ganzen von den Frauen gesprochen wird, [253] wenn im Koran vom Paradies die Rede ist. Sie selbst führt Sure 13:25 und als „ähnlich pauschale Erwähnung" Sure 43 und Sure 48 an. „Bei den vielen Verheißungen von reinen Huris, Wein etc. ist immer speziell an die Bedürfnisse des Mannes gedacht. Von männlichen Paradies-Partnern für die Frau - entsprechend den Huris - ist nirgends die Rede." [254]

Abgesehen davon, ob diese Einzelheiten wirklich Goethes Sicht gewesen sind oder es sich vielleicht um die eigene handelt, die hier von Katharina Mommsen geschildert wird, sind aber Sure 43 und Sure 48 doch ausgerechnet diejenigen, die Wurm als Belegstellen dafür anführt, daß der Koran den Frauen das Paradies gewährt: „Tretet ein ins Paradies ihr und eure Gattinnen in Freuden..." (43:70). „Auf daß er die Gläubigen, Männer und Frauen, einführe in Gärten..." (48:5)

Bei Katharina Mommsen, die ihre Hinweise also offensichtlich Wurm entnommen hat, ihn aber nicht zitiert, scheint also etwas durcheinander gekommen zu sein, und ihre Auffassung zu dieser Stelle im Divan darf nicht unwidersprochen bleiben. Näheres hierzu weiter unten.

Am Rande sei noch erwähnt, daß Goethes Ansicht, die Frau des Pharao habe Suleika geheißen, nicht den islamischen Quellen sondern der orientalischen Literatur entstammt, und es sich bei der in der v. Hammer'schen Übersetzung

---

[252] Sure 33:35.
[253] Mommsen, Katharina: Goethe und die arabische Welt, Frankfurt 1988, 376.
[254] Mommsen, Katharina: Goethe und die arabische Welt, Frankfurt 1988, 376, Anm. 2.

als „Triet" wiedergegebenen vortrefflichen Speise wohl um „tharid" handelt, ein Gericht aus gebrocktem Brot mit Tunke.

ALLES WAS BERAUSCHT IST VERBOTEN
Im „Schenkenbuch" des West-östlichen Divan findet sich, dem persischen Vorbild gemäß, der folgende Dialog zwischen dem Dichter und dem Schenken:

„Dichter: Schenke, komm! Noch einen Becher!
Schenke: Herr, du hast genug getrunken;
Nennen dich den wilden Zecher!
Dichter: Sahst du je, daß ich gesunken?
Schenke: Mahomet verbiet's…"

In der sunna des Propheten Muhammad (s) gibt es zahlreiche Hinweise auf das Alkohol- und Rauschmittelverbot. Konkret dürften Goethe bei seiner Lektüre der „Fundgruben des Orients" wenigstens die beiden folgenden Texte bekannt geworden sein:
„… der Prophet antwortete: Alles was berauscht ist verboten." - „Der Prophet verbot von der Kanzel alle Arten des Weines…" [255]

EIN GUTES WORT IST ALMOSEN
Den Gedanken, daß dort, wo keine andere Hilfeleistung möglich ist, dem Bedürftigen zumindest ein gutes Wort helfen kann, hat Goethe im „Buch der Sprüche" so wiedergegeben:

„Wenn der schwer Gedrückte klagt,
Hilfe, Hoffnung sei versagt,
Bleibet heilsam fort und fort
Immer noch ein freundlich Wort."

Entsprechendes findet sich auch in den Worten des Propheten Muhammad (s), die Goethe bei seiner Lektüre kennenlernte:

---

[255] Fundgruben des Orients I, Wien 1809, 286, Nr. 452; 303, Nr. 583.

„Jeder Moslim gebe Almosen... und wenn er das nicht kann? So ermahne er zum Guten..." - „Wer ein gutes Wort einlegt, dem wächst ein Theil der guten Wirkung desselben zu..." [256]

OSTEN UND WESTEN

Die endlose Weite der Trennung beschreibt Goethe im „Buch Suleika" mit dem Bild der Entfernung zwischen Osten und Westen:

„Bist du von deiner Geliebten getrennt
Wie Orient und Okzident..."

Ein überliefertes Bittgebet des Propheten Muhammad (s), das auch zu Anfang im täglichen Gebet des Muslims Verwendung findet, las Goethe wiederum in den „Auszügen aus der Sunna...":
„Herr, mein Gott... entferne mich und meine Sünden voneinander, wie du voneinander entfernt hast den Osten und den Westen." [257]
Dieses Bild ist außerdem in der orientalischen Literatur weit verbreitet, und Goethe kann es natürlich auch auf anderen Wegen kennengelernt haben.

SONSTIGE BEZÜGE ZWISCHEN AHADITH UND GOETHES DIVAN

Dies sind, so weit erkennbar, die unmittelbaren Bezüge zwischen dem West-östlichen Divan und den Worten des Propheten Muhammad (s), die Goethe offensichtlich aus seiner Lektüre der „Fundgruben des Orients" kannte. Davon abgesehen enthält der West-östliche Divan noch einige andere Passagen, die deutliche Anlehnungen an Worte des Propheten Muhammad (s) enthalten, wobei aber nicht immer ersichtlich ist, woher Goethe sie nahm. So heißt es im „Buch der Betrachtungen":

„Höre den Rat, den die Leier tönt...
Die schönste, das ist nicht die beste Braut..."

---

[256] Fundgruben des Orients I, Wien 1809, 308, Nr. 626; 308. Nr. 627.
[257] Fundgruben des Orients I, Wien 1809, 313, Nr. 673.

Im „Buch der Ehe" der hadith-Sammlung des Abu Dawud ist das folgende Wort des Propheten Muhammad (s) von Abu Huraira überliefert:

„Frauen werden aus viererlei Gründen geheiratet: wegen ihres Vermögens, ihres Ranges, ihrer Schönheit und ihrer Religion. Also nehmt die religiöse und gedeiht (dabei)!"[258]

Auf den Zusammenhang zwischen dem „weisen Mann" und dem „Greis", die beide über „Zeit und Ewigkeit" belehren, hat schon Wurm verwiesen. Er beruft sich auf das „Buch Kabus, S.312", in dem Goethe gelesen hat:

„Der Prophet hat gesprochen: Greise sind in ihren Stämmen wie ein Prophet unter seinem Volk, (das heißt gleich wie, wenn es unter einem Volk einen Propheten gibt alle Zweifel in Angelegenheiten der Zeitlichkeit und Ewigkeit von ihm aufgelöst werden, so müssen auch Greise die Auflöser der Zweifel ihres Stammes sein). Verachte also die Greise nicht, und sei nicht unverschämt, wenn du solche siehst."[259]

Goethe verwendet dieses Thema im „Buch des Sängers" im Gedicht „Derb und tüchtig":

„Auch ist gut Bescheidenheit,
Spricht ein weiser Mann,
Der von Zeit und Ewigkeit
Mich belehren kann."

SONNENAUFGANG IM WESTEN

Ein Notizblatt der Vorarbeiten Goethes zum West-östlichen Divan enthält u.a. auch den Satz: *„Jüngstes Gericht Sonne im Westen aufgehend"* - dazu die Quellenangabe *„Olearius a.a.O. S.73".*[260]

Der „Sonnenaufgang im Westen" gehört zu den Zeichen des nahenden Weltenendes, von denen der Prophet Muhammad (s) bei verschiedenen Gelegenheiten gesprochen hat. Im „Sahih al-Buchari" wird z.B. ein derartiges Prophetenwort von Abu Huraira überliefert, in dem es heißt: „Die Stunde ersteht nicht, bis... die

---

[258] Ahmad, Hasan: Sunan Abu Dawud, Lahore 1984, II, 544 f. Nr. 2042.
[259] Wurm, Ch.: Commentar zu Göthes west-östlichem Divan, Nürnberg 1834, 52.
[260] WA I, 6, 483, Nr.32.

Sonne von ihrem Untergang aufgeht, und wenn sie aufgeht und die Leute sie sehen, dann glauben sie allesamt, und das ist die Zeit, (von der es im Koran heißt): ,... Am Tage, an dem einige der Zeichen deines Herrn kommen, dann soll einer Seele ihr Glauben nichts nutzen, die zuvor nicht geglaubt hat und in ihrem Glauben nichts Gutes getan hat...'" [261] Einer dieser Berichte muß Olearius bekannt geworden sein, dessen „Reise-Beschreibungen" Goethe gelesen hat. [262]

GOETHES EINWÄNDE GEGEN DEN ISLAM

Soweit zunächst die Betrachtung der „islamischen Spurenelemente" im West-östlichen Divan. Zweifellos handelt es sich dabei um eine Fülle von Bezügen. Aber man darf sich nun nicht täuschen. Im West-östlichen Divan ist keineswegs alles „islamisch" - im Gegenteil. Während das hier zusammengetragene Material für sich betrachtet durchaus überzeugend wirkt, handelt es sich indes, gemessen am West-östlichen Divan insgesamt oder gar am Gesamtwerk Goethes, lediglich um einen kleinen, ja verschwindend geringen Bruchteil, der sich nicht einmal in Prozent ausdrücken lassen würde. Auch der wenig spezialisierte Leser aber, der sich die Mühe macht, den West-östlichen Divan einmal sorgfältig durchzulesen, kann feststellen, daß Goethe überwiegend eben nicht islamgemäß spricht. Dabei lassen sich Goethes Divergenzen von einer authentischen islamischen Haltung - so roh das nun auch klingen mag - reduzieren auf die „deutsche Dreifaltigkeit des Gemütes" - nämlich „Wein, Weib und Gesang". Auch (oder gerade) in diesem Sinne erweist sich also Goethe als der Deutschen größter Dichter. Dementsprechend hat ganz folgerichtig Katharina Mommsen - allerdings ohne diesen Bezug aufzuzeigen - Goethes „Einwände gegen den Islam im West-östlichen Divan" auch unter den drei folgenden Themenkreisen abgehandelt:

I. Auseinandersetzung mit dem Frauenbild des Islam, II. Einwände gegen das Weinverbot, III. Antagonismus von Islam und Poesie. [263]

---

[261] Sure 6:158, Khan, Muhammad Muhsin: Sahih al-Buchari, Madina 1977, 9, 180 ff. Nr. 237 (Buch der Anfechtungen).
[262] Olearius, Adam: Des weltberühmten Adami Olearii... Reise-Beschreibungen..., Hamburg 1696.
[263] Mommsen, Katharina: Goethe und die arabische Welt, Frankfurt 1988, 362 ff., 405 ff., 436 ff.

ZUR ROLLE DER FRAU

Katharina Mommsen führt in diesem Zusammenhang aus, daß Goethe geradezu im Gegensatz zur islamischen frauenfeindlichen Einstellung besonders frauenfreundlich dachte und auch schrieb. Ein ganz wichtiges Indiz für sie ist dabei das Gedicht „Auserwählte Frauen" im „Buch des Paradieses" des West-östlichen Divan, in dem von nur vier „vollkommenen Frauen" die Rede ist, im Gegensatz zur Vielzahl der „vollkommenen Männer". Dabei hat schon Ch. Wurm in seinem „Commentar zum west-östlichen Divan" vor über 150 Jahren zwei Koranstellen (Sure 43, Sure 48) angeführt, die zeigen, daß eben nicht nur Männer, sondern auch Frauen ins Paradies gelangen. Außerdem berichtigt er die allgemeine falsche Feststellung vom reinen „Männerparadies", die auch Goethe wohl hatte, weil er sich in dieser Frage speziell von Oelsner beeinflussen ließ:

„Ölsner (oder dessen Übersetzer) bemerkt zu der Schilderung, die er vom Paradiese der Mahomedaner giebt, p.55: In diesem ganzen Gemälde ist von dem Glücke der Frauen gar nicht die Rede. Man macht Mohamed, der sonst so empfindlich für die Reize des schönen Geschlechtes war, den Vorwurf, er habe durch sein Beispiel die Undankbarkeit der Männer bewiesen. Aber diese Beschuldigung ist falsch. Nach der Verheißung des Korans werden sie dort verjüngt und verschönert. Man sagt gemeiniglich, daß die Mahomedaner die Frauen vom Paradiese ausschließen. Aber dieß ist nur in so ferne richtig, als die Frauen nach ihrer Ansicht nicht an einem Orte mit den Männern zusammen seyn sollen, weil es daselbst himmlische Frauen giebt, weit schöner, als die Frauen von dieser Welt nach der Auferstehung seyn werden. Indessen sollen die Frauen dereinstens ebenfalls glücklich werden..." [264]

„Bei seinen Studien der islamischen Jenseitsvorstellungen", erläutert hingegen Katharina Mommsen, „war dem Diwan-Dichter durch seine Quellen bewußt geworden, daß die muslimische Vorstellung vom Paradies ganz aus der Perspektive des Mannes stammt." [265] Mit dieser Formulierung suggeriert sie zugleich, daß die von Goethe benutzten Quellen ihm doch ein zutreffendes Bild vermittelt haben, denn sonst hätte sie, entsprechend Ch. Wurm, berichtigend

---

[264] Wurm, Ch.: Commentar zu Göthes west-östlichem Divan, Nürnberg 1834, 265.
[265] Mommsen, Katharina: Goethe und die arabische Welt, Frankfurt 1988, 370.

eingreifen müssen. Interessanterweise benutzt sie sämtliche Quellen, die schon Wurm hier angeführt hat, ohne aber ihn selbst zu nennen oder auf seine Darstellung Gewicht zu legen: Abul-Feda - Wurm 266, Mommsen 374; Dappert - Wurm 266, Mommsen 374; Oelsner - Wurm 265, Mommsen 375 f.; Sure 43 u. 48 - Wurm 265, Mommsen 376, Anm. 2.

Nicht einmal im Literaturverzeichnis hat sie den Pionier des West-östlichen Kommentars Wurm genannt! Er kommt laut Personenregister lediglich in vier Fußnoten vor und wird erst in der letzten (!) dieser Fußnoten bibliographisch vollständig zitiert. [266] Das ist offensichtlich ein ganz deutlicher Fall von Verdrängung.

Mit anderen Worten: Aus der Sicht von Katharina Mommsen hat Goethe eben einfach recht, und das muslimische Paradies ist eben ein Männerparadies und nicht etwa von Goethe so mißverstanden - auch wenn die Quellenlage, d.h. hier speziell der Koran und darauf bezogen ein früherer Goetheforscher, Ch. Wurm, etwas ganz anderes erweist. Aus muslimischer Sicht muß ich hier sagen: Goethe hat sich auf Grund der ihm zur Verfügung stehenden Quellen kein vollständiges Bild verschafft. Er hätte es besser wissen können. Goethe hat sich geirrt - und mit ihm Katharina Mommsen, die seinen Irrtum zur Grundlage ihrer durchaus geistreichen Überlegungen gemacht hat. Ch. Wurm, der Pionier des Kommentars zum West-östlichen Divan hatte recht, schon vor über 150 Jahren. Wie treffend ist hier Goethes Vierzeiler „Derb und tüchtig", aus dem „Buch des Sängers":

„Auch ist gut Bescheidenheit,
spricht ein weiser Mann,
der von Zeit und Ewigkeit,
Mich belehren kann..."

„MAHOMET" IM MASKENZUG

Zur selben Zeit, während Goethe sich nahezu voll und ganz dem West-östlichen Divan widmete, lieferte er dennoch auch einen Beweis dafür, daß er

---

[266] Mommsen, Katharina: Goethe und die arabische Welt, Frankfurt 1988, 643: 356, Anm. 2; 416, Anm. 2; 461, Anm. 2; 521, Anm. 3.

über sein Mahomet-Drama nach Voltaire keineswegs die Hülle des Schweigens zu decken bereit war. Anläßlich des Besuchs der russischen Kaiserin in Weimar entwarf Goethe den „Maskenzug" von 1818, einen „Festzug dichterischer Landeserzeugnisse, darauf aber Künste und Wissenschaften vorführend." Dieser „Maskenzug" wurde am 18. Dezember 1818 aufgeführt. [267] Unter verschiedenen anderen tritt hier auch eine Figur auf, die „Mahomet" darstellt - wohl nicht als „Person", sondern stellvertretend für Goethes Mahomet-Drama als „dichterisches Landeserzeugnis". Diese Figur spricht 30 Zeilen, von denen sich bis auf den Anfang eigentlich nichts auf Muhammad (s) oder den Islam bezieht, sondern alles auf Kunst und Theater. Die ersten Zeilen verraten allerdings, wie Goethe selbst seinen Mahomet, wie er ihn im Drama geschildert hat, einschätzte:

„Der Weltgeschichte wichtiges Ereignis:
Erst Nationen angeregt,
Dann unterjocht und mit Propheten-Zeugnis
Ein neu Gesetz den Völkern auferlegt..." [268]

Kurz vor der Uraufführung besuchte am 6. Dezember P.O. Bröndstedt Goethe und berichtete darüber: „Ich fragte ihn auch über die Festivität am Hofe, die Goethe vorbereitet. Er sagte: Ja nun, man bestrebt sich, wie billig, den hohen Herrschaften als wie zum geringen Ersatz für alle Gnade und Güte zu irgendeinem gefälligen Genusse zu verhelfen.

In dieser Maskerade werden unter anderem die hervorragendsten Goethe-schen und Schillerschen Dramen personifiziert auftreten und jeder eine Huldi-gungsrede an die hohen Personen halten, unter deren Auspizien sie entstanden." [269]

Goethe bestätigt hier zweierlei: Erstens nochmals, wie schon zuvor im Zusammenhang mit der Entstehung seines Mahomet-Dramas, daß er den „hohen Herrschaften" durchaus willfähig ist, zum „Ersatz für alle Gnade und

---

[267] WA I, 361,137; vgl. auch die Tag- u. Jahreshefte.
[268] WA I, 16, 279-80.
[269] Biedermann, F. v.: Goethes Gespräche, Leipzig 1909-11, II, 426 f.

Güte" jedenfalls sein muß, und zweitens, daß er auch noch zu dieser Zeit, als er sich schon auf dem Höhepunkt der Divan-Dichtung befindet, den von ihm verfassten „Mahomet" nach Voltaire noch immer zu den „hervorragendsten Goetheschen... Dramen" zu rechnen bereit war.

DER WEITERE ORIENT

Auch nachdem der West-östliche Divan 1819 in seiner ersten Fassung veröffentlicht worden war, befaßte sich Goethe noch weiter mit dem Orient. Er dichtete neue Verse, die in den West-östlichen Divan mit aufgenommen werden sollten und las Übersetzungen orientalischer Literatur, so z.B. 1820 das „Tuti Nameh" (Papageienbuch), eine persische Märchensammlung, und 1821 begann er, sich mehr der Literatur und Dichtung Indiens zuzuwenden. In der Folge verfaßte er einen Aufsatz „Indische und chinesische Dichtung" und später eine „Paria-Trilogie". Im Jahre 1827 setzte eine besonders starke Hinwendung zur chinesischen Dichtung ein, aus der sein Gedicht-Zyklus „Chinesisch-Deutsche Jahr- und Tageszeiten" herrührt. Dies alles zeigt unmißverständlich, daß es völlig falsch wäre, bei Goethe ein ausschließliches Interesse allein am islamischen Orient anzunehmen. Vielmehr deutet die ganze Entwicklung eher darauf hin, daß der islamische Orient vor allem zunächst deshalb ins Blickfeld rückte, weil er der naheliegendste war und über ihn einfach mehr Informationen und Übersetzungsproben seiner Literatur zu bekommen waren. Sobald sich für Goethe aber mehr Möglichkeiten ergaben, begann er eben auch den außerislamischen Orient in sein Gesichtsfeld einzubeziehen. Und dafür, daß ihm selbst nur wenige Jahre später seine Hinwendung zum Orient schon wieder fremd geworden war, also überhaupt nicht als ein beständiges Element zu sehen ist, zeugen seine eigenen Worte, die sein Sekretär Eckermann aus einem Gespräch vom 12. Januar 1827 berichtet, daß sich an eine musikalische Abendunterhaltung im Hause Goethes anschloß:

„Zum Schluß des schönen Abends", berichtet Eckermann, „sang Madame Eberwein auf Goethes Wunsch einige Lieder des Divans nach den bekannten Kompositionen ihres Gatten. Die Stelle: Jusuf's Reize möchte' ich borgen, gefiel Goethen ganz besonders. Eberwein, sagte er zu mir, übertrifft sich mitunter selber. Er bat sodann noch um das Lied: Ach um deine feuchten

Schwingen, welches gleichfalls die tiefsten Empfindungen anzuregen geeignet war.

Nachdem die Gesellschaft gegangen, blieb ich noch einige Augenblicke mit Goethe allein. Ich habe, sagte er, diesen Abend die Bemerkung gemacht, daß diese Lieder des Divans gar kein Verhältnis mehr zu mir haben. Sowohl was darin orientalisch als was darin leidenschaftlich ist, hat aufgehört in mir fortzuleben; es ist wie eine abgestreifte Schlangenhaut am Wege liegen geblieben..." [270]

Das „Leidenschaftliche" dabei bezieht sich zweifelsfrei auf Goethes Beziehung zu Marianne v. Willemer, die in manchen der Divanzeilen die Angedichtete ist und von der selbst manche der Divan-Gedichte stammen. Offenbar hatte Goethe damals das „Orientalische" so eng damit verknüpft, daß dann später auch beides zugleich aufhörte, ihn ihm „fortzuleben". Wie sehr es noch etwa ein Jahrzehnt zuvor miteinander verbunden war, läßt ein Tagebuchvermerk des Malers Boisserée erahnen: „Sonntag, den 17. September. Abends singt Marianne Willemer mit ganz besonderem Affekt und Rührung: ‚Der Gott und die Bajadere.' Goethe wollte dies anfangs nicht - es bezog sich dies auf ein Gespräch, das ich kurz vorher mit ihm geführt, - daß es fast ihre eigene Geschichte sei... Die lustige Stimmung setzte sich auch nach Tische fort. Man bat Goethe darum, Gedichte vorzulesen, und die kleine Frau schmückte sich mit ihrem Turban und orientalischen farbigen Schal, den Goethe ihr geschenkt. Es wurde viel gelesen, auch viel Liebesgedichte, an Suleika, Jussuph und Suleika usw. Willemer schlief ein, wird darum gefoppt. Wir bleiben deshalb desto länger zusammen bis 1 Uhr. Mondscheinnacht." Und das im Bericht von Eckermann erwähnte Gedicht „Ach, um deine feuchten Schwingen" stammt ebenfalls aus dieser Zeit und ist von Marianne an Goethe gerichtet! [271]

Sicherlich ist Goethes Interesse am Orient und speziell am islamischen Orient- nicht allein an seine Beziehung mit Marianne v. Willemer geknüpft gewesen. Das belegen ja schon die vielen Hinweise der Beschäftigung Goethes

---

[270] Biedermann, F. v.: Goethes Gespräche, Leipzig 1909-11, III, 315-16.
[271] Gerlach, H. E. u. Herrmann, O.: Goethe erzählt sein Leben, Frankfurt 1965, 330, 334.

damit, bevor er sie kennenlernte. Aber daß er viel davon im späten Alter als „abgelegt wie eine Schlangenhaut" empfand, hängt sicher auch damit zusammen, daß er den orientalischen Stoff so sehr in diese Beziehung hineingebracht hatte.

MUSLIMISCHE PHILOSOPHIE

Dennoch ist der Eindruck, den die Beschäftigung mit dem Islam auf Goethe machte, ihm nie völlig verlorengegangen. Am 11. April 1827, so berichtet wiederum Eckermann, kam in Weimar das Gespräch auf Religionslehren in England. Dies veranlaßte Goethe, sich auch zum Thema Islam zu äußern. Da es sich dabei chronologisch gesehen um die letzten ausführlichen Betrachtungen Goethes hierzu handelt, die bekannt geworden sind, sei dieser Abschnitt aus dem Bericht Eckermanns vollständig wiedergegeben:

„Ihr müßtet wie ich, sagte Goethe, seit fünfzig Jahren die Kirchengeschichte studiert haben, um zu begreifen, wie das alles zusammenhängt. Dagegen ist es höchst merkwürdig, mit welchen Lehren die Mohammedaner ihre Erziehung beginnen. Als Grundlage in der Religion befestigen sie ihre Jugend zunächst in der Überzeugung, daß dem Menschen nichts begegnen könne, als was ihm von einer alles leitenden Gottheit längst bestimmt worden; und somit sind sie denn für ihr ganzes Leben ausgerüstet und beruhigt und bedürfen kaum eines weiteren.

Ich will nicht untersuchen, was an dieser Lehre Wahres oder Falsches, Nützliches oder Schädliches sein mag, aber im Grunde liegt von diesem Glauben doch etwas in uns allen, auch ohne daß es uns gelehrt worden. Die Kugel, auf der mein Name nicht geschrieben steht, wird mich nicht treffen, sagt der Soldat in der Schlacht; und wie sollte er ohne diese Zuversicht in den dringendsten Gefahren Mut und Heiterkeit behalten! Die Lehre des christlichen Glaubens: Kein Sperling fällt vom Dache ohne den Willen eures Vaters, ist aus derselbigen Quelle hervorgegangen und deutet auf eine Vorsehung, die das Kleinste im Auge hält und ohne deren Willen und Zulassen nichts geschehen kann.

Sodann ihren Unterricht in der Philosophie beginnen die Mohammedaner mit der Lehre, daß nichts existiere, wovon sich nicht das Gegenteil sagen lasse, und so üben sie den Geist der Jugend, indem sie ihre Aufgaben darin bestehen lassen, von jeder aufgestellten Behauptung die entgegengesetzte Meinung zu finden und aus-zusprechen, woraus eine große Gewandtheit im Denken und Reden hervorgehen muß.

Nun aber, nachdem von jedem aufgestellten Satze das Gegenteil behauptet worden, entsteht der Zweifel, welches denn von beiden das eigentlich Wahre sei. Im Zweifel aber ist kein Verharren, sondern er treibt den Geist zu näherer Untersuchung und Prüfung, woraus denn, wenn diese auf eine vollkommene Weise geschieht, die Gewißheit hervorgeht, welches das Ziel ist, worin der Mensch seine völlige Beruhigung findet.

Sie sehen, daß dieser Lehre nichts fehlt, und daß wir mit allen unseren Systemen nicht weiter sind, und daß überhaupt niemand weiter gelangen kann. " [272]

Woher Goethe seine Kenntnis über die Grundansätze aus muslimischer Pädagogik und Philosophie bezogen hat, ist offenbar bis heute nicht bekannt, [273] doch soll uns das im vorliegenden Zusammenhang nicht weiter beschäftigen. Bemerkenswert ist vielmehr der eingangs ausgeführte Gedanke, daß von der *„Überzeugung, daß dem Menschen nichts begegnen könne, als was ihm von einer alles leitenden Gottheit längst bestimmt worden"*... *„im Grunde"*... *„doch etwas in uns allen"* liegt. Hier wird von Goethe der Universalcharakter eines Prädestinationsglaubens (den die muslimischen Gelehrten unter der Überschrift „al-qadr wa-l-qada" behandeln) geltend gemacht. Jeder Mensch - und dabei schließt Goethe sich selbst durchaus ein, wie noch auszuführen ist, - hat insofern also etwas „islamisches" an sich, und das ist eine dem muslimischen Denken durchaus geläufige Vorstellung. Ebenfalls bemerkenswert ist sodann die abschließende Beurteilung, die Goethe hier hinsichtlich der als dialektisch progressiv charakterisierten muslimischen Philosophie geäußert hat, nämlich, daß *„überhaupt niemand weiter gelangen kann.* " Wenig später kommt Goethe im selben Gespräch noch einmal hierauf zurück und sagt:

„Jenes philosophische System der Mohammedaner ist ein artiger Maßstab, den man an sich und andere anlegen kann, um zu erfahren, auf welcher Stufe geistiger

---

[272] Biedermann, F. v.: Goethes Gespräche, Leipzig 1909-11, III, 370 f.
[273] Mommsen, Katharina: Goethe und die arabische Welt, Frankfurt 1988, 253, Anm. 1.

Tugend man denn eigentlich stehe. " [274]

Katharina Mommsen kommentiert übrigens diese Passage mit den folgenden Worten: „Soweit diese erstaunliche Lobpreisung des Islam. Der Tenor des Gesprächs zeigt, daß Goethe im Alter von 77 Jahren - denn in so später Zeit befinden wir uns hier - in seiner Bewunderung der islamischen Religion keineswegs nachgelassen, daß er sich eher noch in ihr bestärkt hatte." [275] Hierzu muß man allerdings fragen, ob Goethe in diesem Gespräch denn tatsächlich den Islam als Religion und Lebensweise gemeint oder eben lediglich das anspricht, was er - aus einer bisher nicht einmal identifizierten Quelle - als die Vorzüge der muslimischen Philosophie betrachtet hat. Außerdem bleibt uns Katharina Mommsen eine Erläuterung der zuvor erörterten Abstandserklärung Goethes dem Divan gegenüber - der „abgestreiften Schlangen- haut" - schuldig. Sie hat diese Aussage Goethes meines Wissens nicht in Betracht gezogen, es sei denn, ich hätte dies übersehen. Mommsens Grundaussage von der „Bewunderung" Goethes bleibt indes bestehen, denn in kaum einem anderen Zusammenhang spricht Goethe einmal von einem „Maßstab", an dem er sich, wie hier, auch selbst messen lassen würde.

Eine Fortentwicklung hohen Maßes bestätigt Goethe dem Islam schließlich noch im konkreten Vergleich mit den Quellen des Christentums. Von einem Gespräch mit Goethe am 13. Februar 1831 berichtet nämlich Eckermann, daß man sich über das Neue Testament unterhalten habe. Dazu führt er aus:

"Wenn man die Evangelisten lange nicht gelesen, sagte ich, so erstaunt man immer wieder über die sittliche Großheit der Figuren. Man findet in den hohen Anforderungen an unsere moralische Willenskraft auch eine Art von kategorischem Imperativ. Besonders, sagte Goethe, finden Sie den kategorischen Imperativ des Glaubens, welches sodann Mohammed noch weiter getrieben hat..." [276]

GOETHE UND CARLYLE

Mit dem englischen Schriftsteller Thomas Carlyle korrespondierte Goethe ebenfalls seit 1827. Carlyle hatte eine Schiller-Biographie und unter dem Titel „German Romance" (Edinburg 1827) eine Sammlung von Auszügen aus der

---

[274] Biedermann, F. v.: Goethes Gespräche, Leipzig 1909-11, III, 372.
[275] Mommsen, Katharina: Goethe und die arabische Welt, Frankfurt 1988, 253.
[276] Biedermann, F. v.: Goethes Gespräche, Leipzig 1909-11, IV, 323.

zeitgenössischen deutschen Literatur auf Englisch veröffentlicht und Goethe, den er auch mit aufgenommen hatte, dies alles zugeschickt. Goethe revanchierte sich u.a. mit einer Rezension der „German Romance". Dabei verwendete er ganz ähnliche Worte wie in seinem Dankesbrief an Carlyle vom 20. Juli 1827. In diesem Zusammenhang zitiert er den Koran, während er auf die Bedeutung des Übersetzens eingeht, von dem er sagt: *„...so ist und bleibt es doch eins der wichtigsten und würdigsten Geschäfte in dem allgemeinen Weltwesen. Der Koran sagt: „Gott hat jedem Volk einen Propheten gegeben in seiner Sprache". So ist jeder Übersetzer ein Prophet seinem Volke..."* [277] Im selben Zusammenhang verwendete Goethe dieses Koranzitat auch in seiner Besprechung von Carlyles „German Romance". [278] Auch in seinem Brief an Blumenthal vom 28.5.1819 hatte Goethe sich dieses Koranverses bedient: *„Es ist wahr, was Gott im Koran sagt: Wir haben keinem Volk einen Propheten geschickt, als in seiner Sprache."* [279] In den „Fundgruben des Orient", aus deren Fundus Goethe ja vielfach geschöpft hat, lautet die Übersetzung aus dem Koran: „Wir sandten keinen Propheten als in der Sprache seines Volkes, die Wahrheit aufzuklären..." [280]

ISLAM ALS FÜGUNG IN GOTTES WILLEN

Davon, daß Goethe seine Vorstellung vom Islam als Fügung in Gottes Willen bis zuletzt beibehalten und als mitteilungswürdig erachtet hat, wissen wir schließlich noch aus zwei seiner Briefe. So schrieb er am 19. September 1831 an Louise Schopenhauer:

„Wo Sie gewiß mit einigem Zwiespalt in sich selbst sind: ob es wohl rätlich sei, gegen Nordosten zu ziehen? wo die asiatische Hyäne" (gemeint ist die Cholera) *„uns täglich näher die gräßlichen Zähne weist: Hier kann niemand dem anderen raten; beschliesse was zu tun ist jeder bei sich. Im Islam leben wir alle, unter welcher Form wir uns auch Mut machen."* [281]

---

[277] WA IV, 270, 21-26; auch: Hecht, Georg: Goethes Briefwechsel mit Thomas Carlyle, Dachau 1913, 17.

[278] WA I, 41/2, 307, 5-10.

[279] WA IV, 31, 160.

[280] Fundgruben des Orients III, Wien 1813, 235; es handelt sich dabei um Sure 14:5.

[281] WA IV, 49, 86 f.

Ähnlich heißt es an Marianne v. Willemer: „*Besieht man es genauer, so haben sich die Menschen, um sich von der furchtbaren Angst zu befreien, durch einen heilsamen Leichtsinn in den Islam geworfen und vertrauen Gottes unerforschlichen Ratschlüssen.*" [282] Diesen Hinweis auf „Islam" als angesichts furchtbarer Angst „*Gottes unerforschlichen Ratschlüssen vertrauen*" gab Goethe am 9. Februar 1832. Am 22. März desselben Jahres ist er in Weimar verstorben.

GOETHES ISLAM

Um etwas von dem zu erkennen, was Goethe unter „Islam" tatsächlich verstanden hat, muß man vor allem die Quellen berücksichtigen, die er dafür heranzog. Die Primärquelle für den Islam ist natürlich dessen „Heilige Schrift", also der Koran, den Goethe wie schon gesagt aus Übersetzungen kannte. Insbesondere hatte er die deutsche Koranübersetzung von Theodor Arnold (nach Georg Sale) vom 28.9.1818 bis zum 5.6.1819 aus der Weimarer Bibliothek entliehen, [283] und seine „Tag-und Jahrbücher" verzeichnen innerhalb dieses Zeitraums auch mehrmals Hinweise auf die Koranlektüre. In der Einleitung zu dieser Koranübersetzung heißt es zunächst, daß Muhammad (s) als der wirkliche Urheber des Korans und damit der darauf fußenden Religion zu gelten habe, dann weiter: „Und dieser Religion legte er den Namen Islam bei, welches Wort Resignation, Unterwerfung oder Ergebung in den Willen, Dienst und Befehl Gottes bedeutet." [284] Dazu findet man noch - und fand also auch Goethe - die folgende Erläuterung in der Fußnote 1:

„Die Radix salama, woraus Islam formiert ist, bedeutet in der ersten und vierten Conjugation auch selig werden oder in den Stand der Seligkeit treten: Nach welcher Bedeutung Islam übersetzt werden mag: Die Religion oder der Stand der Seligkeit. Der andere Verstand findet aber bei den Mohammedanern mehr Beifall, und es wird in dem Koran selbst darauf gezielt."

Am Rande sei darauf hingewiesen, daß Goethe also durchaus auch ein Hinweis auf das weitreichendere Verständnis des Begriffes Islam als „Zustand der Seligkeit" oder „Seligwerden" gegeben wurde (oder, wie ich es im Deutschen vorziehe zu sagen, des

---

[282] WA IV, 49, 232.

[283] Keudell, Elise von und Deetjen, Werner: Goethe als Benutzer der Weimarer Bibliothek. Ein Verzeichnis der von ihm entliehenen Werke, Weimar 1931, Nr. 1165.

[284] Arnold, Theodor: Der Koran…, Lemgo 1746, Vorläufige Einleitung, 81.

„Friedens" und des „Friedenmachens"). Er hat sich aber offenbar ganz auf die Einschätzung seiner Lehrmeister, wie hier Arnold, verlassen, in welcher die Verständnisebene von Resignation, Unterwerfung und Ergebung den hervorragendsten Wesenszug des Islam darstellt. Die Auffassung Goethes vom Islam von der „Fügung in Gottes Willen" als Antwort auf den schon erwähnten Prädestinationsglauben kommt also nicht von ungefähr, sondern hat gerade hier ihre Wurzeln.

Ganz besonders interessant ist im Zusammenhang mit der Frage nach Goethes eigenem Verständnis des Islam auch die kurze Definition des Wortes Islam, die Goethe in der „Orientalische Bibliothek" fand, jenem enzyklopädischen Grundwerk seiner Zeit über den Orient, das er häufig konsultiert hat. Dort heißt es nämlich:

„Dieses Wort bedeutet eine gänzliche Unterwerfung und Ergebung des Leibes und der Seele an Gott, und dasjenige, was Mohammed von seinem Theile geoffenbart hat, also worin der ganze Musulmanismus besteht." [285]

Im selben Artikel heißt es übrigens auch von den Muslimen, sie „sagen sogar, alle Menschen wurden im Islamismus geboren." [286] Auf den Zusammenhang mit Goethes Gedichtzeile *„Im Islam leben und sterben wir alle"* wurde ja schon hingewiesen. Natürlich steht damit außer Frage, daß Goethe sich - in einem allgemeinen Sinn - ebenfalls als „im Islam lebend und sterbend" gesehen hat. In diesem Sinn, kann man sagen, war auch Goethe Muslim, wie jeder Mensch in diesem Sinne als Muslim gesehen werden kann. Aber es wäre wohl zu weit gegangen, hieraus nun schließen zu wollen, daß Goethe deshalb in unserem Sinne - d.h. als Zugehöriger zur „umma" des Propheten Muhammad (s) - Muslim sein wollte, wie gleich ersichtlich werden soll.

Die „Orientalische Bibliothek" hatte Goethe auch vom 24.9.1818 bis 3.6.1819 aus der Bibliothek in Weimar entliehen,[287] und aus seinen Tagebüchern ist zu entnehmen, daß er sich insbesondere um die Jahreswende 1818/19 mit orientalischer Literatur befaßte. Dort heißt es: *„29.12.1818 Orientalia, besonders Koran; 30.12.1818*

[285] Herbelot, Bartholom. d': Orientalische Bibliothek, Halle 1787, II, 342, Stichwort „Eslam".
[286] Herbelot, Bartholom. d': Orientalische Bibliothek, Halle 1787, II, 343.
[287] Keudell, Elise von und Deetjen, Werner: Goethe als Benutzer der Weimarer Bibliothek. Ein Verzeichnis der von ihm entliehenen Werke, Weimar 1931, Nr. 1162.

Orientalia: Mahomet und Koran; 31.12.1818 Orientalia weiter bearbeitet; [288]
2.1.1819 Nach Tisch Koran." [289]

Unter der Lektüre des Koran muß wohl die Arnold'sche Übersetzung verstanden werden, und es liegt nahe, unter „Orientalia" auch die „Orientalische Bibliothek" von Herbelot mit einzubeziehen, weil Goethe sie ja gerade in dieser Zeit bei sich zu Hause hatte. In der besagten Zeit hatte Goethe aber auch - vom 23.9.1818 bis 27.4.1819 - Reland's Mahomedanische Religion entliehen. [290]

„Mahomet" ist wahrscheinlich Oelsners Biographie des Propheten. Diese hat Goethe gut gekannt, wie beispielsweise der folgende Briefauszug von ihm beweist:

„...Herrn Oelsner danken Sie für seine Theilnahme; seine Schrift über Mahomed ist mir längst bekannt und traf vollkommen mit der Idee zusammen, die ich mir von dem außerordentlichen Manne gemacht, als ich ihn zum Helden einer Tragödie mir auserkoren." [291] Auch den „Tag- und Jahresheften" ist zu entnehmen, daß Goethe Oelsner's Leben Mahomets gelesen hat, [292] und auf einer Notiz hat Goethe für sich festgehalten: *„Oelsner, Eslam, Islam = Ergebenheit in Gott (S.VII Anm.)*" [293]

Damit hat Goethe selbst eine seiner Quellen für sein Verständnis des Begriffes Islam genannt. Hierauf hat übrigens schon Ch. Wurm hingewiesen:

„Islam, Eslam ist der eigentliche Name der von Mohamed gepredigten Religion. Er bedeutet Ergebung in Gott, gänzliche Übergebung und Widmung seiner selbst zum Dienste und Willen Gottes und zur Annahme der Lehre Mohameds. Ölsners Mohamed p.7. Einleitung. Wahls Bemerkung zum Koran p.47." [294]

Auf die Probleme bei Goethes Umgang mit der Person des Propheten Muhammad (s) wurde ja ebenfalls schon im Zusammenhang mit der Betrachtung seines Schauspiels „Mahomet nach Voltaire" hingewiesen. Davon, daß Goethe den Propheten Muhammad (s) als Vorbild annahm, wie das die Muslime als Zugehörige zur „umma" Muhammads (s) ja tun, kann jedenfalls nicht die Rede sein, und in

---

[288] WA III,6,27.
[289] WA III,7,1.
[290] Keudell, Elise von und Deetjen, Werner: Goethe als Benutzer der Weimarer Bibliothek. Ein Verzeichnis der von ihm entliehenen Werke, Weimar 1931, Nr.1158.
[291] 18.4.1823, an C.E v. Reinhard, WA IV. 37, 21.
[292] WA I ,36, 92.
[293] WA I, 6, 485, Paralipomena Nr.42.
[294] Wurm, Ch.: Commentar zu Göthes west-östlichem Divan, Nürnberg 1834, 153.

diesem Sinn hat er sich dann wohl selbst auch nicht als Muslim gesehen.

Zwei weitere Zeugnisse für Goethes Islamverständnis und seine Identifikation damit stammen aus Briefen an den ihm befreundeten Komponisten Zelter. Er schrieb ihm am 11. Mai 1820:

„Indessen sammeln sich wieder neue Gedichte zum Divan. Diese moham-medanische Religion, Mythologie, Sitte, geben Raum einer Poesie wie sie meinen Jahren ziemt. Unbedingtes Ergeben in den unergründlichen Willen Gottes, heiterer Überblick des beweglichen, immer kreis- und spiralartig wiederkehrenden Erde-treibens, Liebe, Neigung, zwischen zwei Welten schwebend, alles Reale geläutert, sich symbolisch auflösend. Was will der Großpapa weiter?" [295]

Wenige Monate später, am 20. September 1820, drückt sich Goethe Zelter gegenüber noch deutlicher aus:

„Meine Schwiegertochter hat abermals einen tüchtigen Jungen zur Welt gebracht; nur hat sie bey ihrer zarten Natur in der Schwangerschaft gränzenlos gelitten, und wenn ich aufrichtig seyn soll; so fürcht ich noch immer für sie. Weiter kann ich nichts sagen, als daß ich auch hier mich im Islam zu halten suche." [296]

Islam ist für Goethe also, zumindest in diesen Zeiten, die Weise seiner Lebensbe-wältigung, gegründet auf ein allgemeines Prinzip des *„unbedingten Ergebens in den unergründlichen Willen Gottes"*, nicht aber in der Form, sich nun auch ganz konkret durch eigene, positive Entscheidung für die Orientierung am Worte Gottes im Koran und am Beispiel des Propheten Muhammad (s) in der Sunna dem offenbarten und verkündeten Willen Gottes zu ergeben.

Diese allgemeine Auffassung Goethes vom Wesen des Islam wird ebenfalls deutlich in seinem Gespräch mit dem Weimar'schen Kanzler Friedrich v. Müller, am 28. März 1819, wie folgt zusammengefaßt:

„Zuversicht und Ergebung seien die echte Grundlage jeder bessern Religion, Unterordnung unter einen höheren, die Ereignisse ordnenden Willen, den wir nicht begreifen, eben weil er höher als unsere Vernunft und unser Verstand sei. Der Islam und die reformierte Religion sind sich hierin am ähnlichsten. Alle Gesetze und Sittenregeln lassen sich auf eine zurückführen: Wahrheit. Fehler der Individualität als solcher gäbe die moralische Weltordnung jedem zu und nach; darüber möge jeder

---

[295] WA IV, 33, 27.
[296] WA IV, 33, 240.

mit sich selbst fertig werden und bestrafe sich auch selbst dafür; aber wo man über die Grenzen der Individualität herausgreife, frevelnd, störend, unwahr, da verhänge die Nemesis früh oder spät angemessene Strafe. So sei in Kotzebue's Tod eine gewisse notwendige Folge einer höheren Weltordnung unverkennbar." [297]

Bemerkenswert an diesen Ausführungen ist, daß sie den Beleg dafür liefern, daß Goethe seine Auffassung vom Islam nicht bloß gesprächsweise als abstraktes Prinzip vorgetragen hat, sondern es vielmehr auch ganz praktisch zur Anwendung brachte, um sogar tagespolitische Geschehnisse zu erläutern, indem er es auf die Ermordung des Dichters August v. Kotzebue als angeblicher Spion bezieht.

GOETHE UND DER TAUHID

Anders als beim Begriff Islam gibt es bei der Betrachtung von Goethes Verständnis des Eingottglaubens keinen signifikanten Unterschied zur islamischen Lehre. Davon, daß Goethe im West-östlichen Divan der islamischen Auffassung von Jesus als Propheten, also nicht als Gottessohn oder Gott, den Vorzug gab, war schon im Zusammenhang mit der Betrachtung des Gedichtes „Auserwählte Frauen" und der Sure 4:157 die Rede. Das war nun aber für Goethe nicht bloß ein aus dem islamischen Bereich übernommenes poetisch verarbeitetes Motiv, sondern entsprach tatsächlich seiner eigenen inneren Überzeugung. Im Gespräch mit Eckermann am 4. Januar 1824 drückt Goethe dies ganz unmißverständlich aus:

„Ich glaubte an Gott und die Natur und an den Sieg des Edlen über das Schlechte; aber das war den frommen Seelen nicht genug, ich sollte auch glauben, daß drei eins sei und eins drei: das aber widerstrebte dem Wahrheitsgefühl meiner Seele; auch sah ich nicht ein, daß mir damit auch nur im mindesten wäre geholfen gewesen. " [298]

Goethe lehnt hier die kirchliche Trinitätslehre - ganz wie das auch ein Muslim tut - aus zweierlei Gründen ab: Erstens widerstrebte sie dem Wahrheitsgefühl seiner Seele, und das ist es, was der Muslim, wie ebenfalls schon ausgeführt, als die „fitra", die natürliche Veranlagung des Menschen zum Eingottglauben, zum „tauhid", bezeichnet. Zweitens sah er nicht ein, was ihm damit geholfen wäre, und das entspricht völlig dem Grundsatz des Muslims, seinen Eingottglauben auch in Übereinstimmung mit den Mitteln der Einsicht zu halten.

---

[297] Biedermann, F. v.: Goethes Gespräche, Leipzig 1909-11, II, 434.
[298] Biedermann, F. v.: Goethes Gespräche, Leipzig 1909-11, III, 60; Nr. 2214.

In einem gewissen Konflikt zu diesen Gedanken steht eine, allerdings nicht eindeutig zuzuordnende Bleistiftbemerkung Goethes:

„Das abscheuliche wohin das System der Einheit Gottes führt. Das Absurde dass man ihm alle würdig gewordenen Naturen (Prädicate) geben muss. Das Rechtfertigen des..." Der Rest sind unleserliche Worte. [299]

GOETHE UND DER SUFISMUS

Der Vollständigkeit halber sei abschließend noch darauf hingewiesen, daß Goethe sich - wenn auch äußerst knapp - zum Sufismus geäußert hat. Im Konzept eines Briefes, vielleicht an August Wilhelm Paulus, mit Datum vom 17.3.1815 schreibt er:

„Beiliegendes Blatt übergib deinem teuren Vater und sage ihm, es betrübe mich gar sehr, daß ich den Weg, ein Sofi zu werden, nicht früher eingeschlagen." [300]

Mit Sofi (soll heißen Sufi) ist aber wohl nicht ein Mystiker, sondern ein muslimischer Dichter wie Hafiz gemeint, mit dem sich Goethe identifizieren wollte und den er in einem Gedicht des West-östlichen Divans, geschrieben am 30.5.1815, als seinen „Zwilling" bezeichnet:

„Und so gleich ich dir vollkommen..." [301]

„Hafis, mit dir, mit dir allein

Will ich wetteifern! Lust und Pein

Sei uns, den Zwillingen, gemein!" [302]

Den Mystikern als solchen stand Goethe nämlich damals eher ablehnend gegenüber. In den „Noten und Abhandlungen" zum West-östlichen Divan äußert er sich dementsprechend in seiner Charakterisierung des persischen Dichters Dschami:

„Die Mystik konnte ihn nicht anmuten; weil er aber ohne dieselbe den Kreis des Nationalinteresses nicht ausgefüllt hätte, so gibt er historisch Rechenschaft von allen den Torheiten, durch welche stufenweise der in seinem irdischen Wesen befangene Mensch sich der Gottheit unmittelbar anzunähern und sich zuletzt mit ihr zu vereinigen gedenkt; da denn doch zuletzt nur widernatürliche und widergeistige, krasse Gestalten zum Vorschein kommen. Denn was tut der Mystiker anders, als daß

---

[299] WA VII, 305, Bl. 92a.

[300] WA III, 25, 236.

[301] „Beiname, im „Buch Hafis".

[302] „Unbegrenzt", im „Buch Hafis".

er sich an Problemen vorbeischleicht oder sie weiterschiebt, wenn es sich tun läßt?" [303]

WAR GOETHE MUSLIM?

Diese Frage wird seit vielen Jahren gestellt und taucht auch in muslimischen Kreisen immer wieder auf. In gewisser Weise hat Goethe diese Frage selbst provoziert, denn in seinem weiter oben bereits vollständig zitierten Ankündigungstext zum West-östlichen Divan, in welchem der Inhalt dieser Gedichtsammlung kurz umrissen wird, schreibt Goethe von sich selbst:

„Der Dichter betrachtet sich als einen Reisenden. Schon ist er im Orient angelangt. Er freut sich an Sitten, Gebräuchen, an Gegenständen, religiösen Gesinnungen und Meinungen, ja er lehnt den Verdacht nicht ab, daß er selbst ein Muselmann sei..." [304]

Hier ist Goethe der Aussage: „Ich bin Muslim" natürlich ausgesprochen nahe, doch darf dabei seine schon geschilderte allgemeine Ansicht zum Islam nicht übersehen werden. Goethe verstand wie gesagt Islam eher allgemein und in erster Linie als *„unbedingtes Ergeben in den unergründlichen Willen Gottes"*, und das ist ja auch keineswegs falsch. Aber er wußte, wie die von ihm herangezogenen Quellen zeigen, durchaus auch daß konkret zum Islam die „Annahme der Lehre Mohameds" gehört. Die wesentlichen Grundzüge dieser Lehre, wie beispielsweise die sogenannten „Fünf Säulen des Islam", darunter vor allem das fünfmal tägliche Gebet, das Fasten im Ramadan, das Entrichten der Armensteuer, waren ihm zweifelsfrei bekannt, denn er hatte sich ja ausführlich mit der Lektüre des Korans und den Auszügen aus der Sunna befaßt. Es fehlen aber Hinweise darauf, daß er jemals versucht hätte, in seiner eigenen Lebensführung diesen Grundprinzipien der muslimischen Glaubenspraxis Raum zu geben.

Inwiefern Goethe Muslim war, läßt sich darum letztendlich nicht völlig zweifelsfrei klären, doch zumindest so viel darf als sicher gelten: Wenn Goethe denn nicht Muslim war, so wäre er es doch wenigstens gern gewesen - denn dem Verdacht, es zu sein, hat er sich ja bereitwilligst und derart eindeutig ausgesetzt, daß dieser Verdacht bis heute besteht.

---

[303] Noten und Abhandlungen, WA I, 7, 149.
[304] WA I, 41/1, 86.

LITERATURVERZEICHNIS

Abdel-Rahim, Said H.: Goethe und der Islam, Diss. Augsburg 1969

Ahmad, Hasan: Sunan Abu Dawud, Lahore 1984

Arnold, Theodor: Der Koran…, Lemgo 1746

Biedermann, F. v.: Goethes Gespräche, Leipzig 1909-11

Bode, W.: Goethe in vertraulichen Briefen seiner Zeitgenossen, Berlin 1979

Burdach, Konrad: Goethes Ghasel auf den Eilfer in ursprünglicher Gestalt, in: Geiger, Ludwig (Hg.): Goethe-Jahrbuch 11, Frankfurt 1890, 3-18

Denffer, Ahmad v.: Der Islam und Goethe. Auf der Suche nach islamischen Spurenelementen in Goethes Werk und Leben, in: Al-Islam. Zeitschrift von Muslimen in Deutschland (München, ISSN 0724-4312) 1/1990, 20-28; 2/1990, 19-27; 3/1990, 23-26; 4/1990, 25-30; 1/1991, 26-30; 2/1991, 29-31; 3/1991, 29-30; 4/1991, 23; 1/1992, 29-30; 2/1992, 27-30; 3/1992, 28-30; 4/1992, 29-30; 1/1993, 25-30; 3/1993, 28-29; 4/1993, 28-30; 1/1994, 28-29; 2/1994, 29-30; 3/1994, 28-30; 4/1994, 27-30.

Denffer, Ahmad v.: Ein Tag mit dem Propheten, Leicester 1981

Die großen Deutschen, Berlin 1956

Fischer-Lamberg, H.: Zu Goethes Koranauszügen, in: Grumach, E. (Hg.): Beiträge zur Goethe-Forschung, Berlin 1959,119-20

Fundgruben des Orients I-IV, Wien 1809-1814

Gerlach, H. E. u. Herrmann, O.: Goethe erzählt sein Leben, Frankfurt 1965

Goethes Werke. Herausgegeben im Auftrage der Großherzogin Sophie von Sachsen. Abtlg. I-IV, 133 Bände in 143 Teilen, Weimar 1887-1919

Grumach, Ernst: Goethe. West-östlicher Divan 3. Paralipomena, Berlin 1952

Habibullah, Hasan: Goethe und der Islam, in: Al-Islam 6, München 1976

Hansen, N.: Ein Tropfen Türkenblut in Goethes Adern? in: Jahrbuch der Sammlung Kippenberg, Leipzig 1927/28, 7, 302-11

Hecht, Georg: Goethes Briefwechsel mit Thomas Carlyle, Dachau 1913

Herbelot, Bartholom. d': Orientalische Bibliothek, Halle 1787

Herders Sämtliche Werke, Berlin 1889

Keudell, Elise von und Deetjen, Werner: Goethe als Benutzer der Weimarer Bibliothek. Ein Verzeichnis der von ihm entliehenen Werke, Weimar 1931

Khan, Muhammad Muhsin: Sahih al-Buchari, Madina 1977

Lentz, Wolfgang: Goethes Noten und Abhandlungen zum West-östlichen Divan, Hamburg o. J.

Minor J.: Goethes Mahomet. Ein Vortrag, Jena 1907

Mommsen, Katharina: Die Bedeutung des Korans für Goethe, in: Reiss, H.: Goethe und die Tradition, Frankfurt 1972, 138-62

Mommsen, Katharina: Goethe und 1001 Nacht, Frankfurt 1981

Mommsen, Katharina: Goethe und der Islam. Jahresgabe der Stuttgarter Goethe-Gesellschaft, Stuttgart 1964

Mommsen, Katharina: Goethe und die arabische Welt, Frankfurt 1988

Mommsen, Momme: Studien zum West-Östlichen Divan, Berlin 1962

Neue Deutsche Biographie, Berlin 1964

Oelsner, K.E.: Mohamed, Frankfurt 1810

Olearius, Adam: Des weltberühmten Adami Olearii... Reise-Beschreibungen..., Hamburg 1696

Ruppert, Hans: Goethes Bibliotheks-Katalog, Weimar 1958

Schaeder, Hans Heinrich: Goethes Erlebnis und der Osten, Leipzig 1938

Schillers Werke, Nationalausgabe 2/1, Weimar 1983

Schmiede, Achmed H. (Hg.): Al-Islam. Muslimischer Almanach, Sinzig 1969

Weitz, Hans-J.: Goethe. Westöstlicher Divan, Frankfurt 1974

Wurm, Ch.: Commentar zu Göthes west-östlichem Divan, Nürnberg 1834